科学化する仏教

瞑想と心身の近現代

碧海寿広

角川選書
640

はじめに

人よりも優れた能力が欲しい、とは誰もが一度は思うことだろう。もっと勉強ができたら、仕事で高いパフォーマンスを示せれば、あるいは、いつでも健康で長生きのできる身体が欲しい、などといった思いだ。人として、きわめて自然な感情である。

宗教は、昔からそうした優れた能力を人間に提供してきた。もしくは、提供してくれると信じられてきた。たとえば、修行だ。宗教の世界で実践される修行は、その実践者に優れた能力を与える。人並み外れた体力はもちろんのこと、集中力や記憶力などの精神面でも、人間の能力を強化する。さらには、特殊な修行の結果、ある種の超能力が獲得できるともされてきた。

また、神や仏に祈れば、それらの神仏の加護のもと、普段以上の能力が発揮できるという考え方も、世界各地に見られる。個人の人生を左右する大事な試験や、決して失敗できないプロジェクトを前にして、神仏に助力を求めるのは、よくある行動だ。あるいは、自分や家族の健康の維持や、病気になった自分や家族の体調の回復を、神仏がもたらしてくれるという信念も、世界中にありふれている。

このように、宗教は人間に幅広い意味での能力を提供してくれる。もしくは、提供してくれると信じられてきた。それは、今も昔も変わらない。

ただし、科学ないしは科学的な発想が普及した社会では、こうした宗教の役割が、相対的に小さくなる傾向があることも確かである。神仏に祈れば何らかの願いがかなうというのは、迷信に過ぎない。神頼みのような非合理的な行動は慎み、理性的な思考法で物事を着実に進めていくべきだろう、といったように。あるいは、古《いにしえ》より伝わる宗教的な修行よりも、現代の科学によって効果が証明されたトレーニング方法によって、自らの能力を高めるべきではないか、と。

実際、現代社会で最も高い身体能力を有するスポーツ選手らは、ふつう、宗教的な修行に熱心に取り組んだりはしない。優れたビジネスパーソンの高い知性の基盤は、まずもって大学や高等学校での教育や、各種の学術書や教養書の読書で築き上げられているはずだ。一方、特定の宗教を固く信じる人間は、むしろ偏ったものの見方をしていると思われかねない。あるいは、先進国で人が何らかの病気を患った場合、元通りの身体を取り戻してくれるのは、神仏ではなく科学的な医療だろう。科学や科学的な発想の普及は、宗教の活躍の場を少なからず削減してきた。

とはいえ、世の中を見渡してみれば、宗教は相変わらず盛んなようにも感じられる。日本でも、毎年一月には大量の人間が社寺を訪れて神仏に祈願する。休日や定年後に山岳修行や四国遍路を体験してみる人々も少なくない。お守りやお札を購入して身近に置く文化も、一向に廃れずにいる。科学や科学的な発想の普及は、宗教の全面的な衰退を必ずしも導かないようである。

さらに言えば、宗教と科学が結びついて、人間の能力の向上に役立つ手法が開拓される場合もある。宗教と科学は、どちらも、人間の能力開発に資する部分がある。そうであれば、両者が協力しあうことで、人間の能力をかつてなく効果的に高められるのではないか？　そのような期待を抱きながら、科学者と宗教、あるいは宗教者と科学が連携するような事例が、しばしば見られるのだ。

宗教と科学の結びつきは、ときに両者の可能性に新たな光をあて、ときに独創的な文化や思想を生み、ときに社会問題の原因ともなってきた。宗教と科学は、いずれも使いようで毒にも薬にもなる。どちらも現代社会にとって大事なものだが、付き合い方を間違えると、人類を誤った方向へと導く。ゆえに、宗教と科学が交じり合う様々な場面を、歴史のなかから具体的に確認し、その意義を考えておく試みは、とても重要である。

これから、そのような試みをやってみよう。

目次

序　章　仏教と科学

1　二五〇〇年の真理

真理の探究方法

今から約二五〇〇年前、南インドのある地方に立つ大きな木の下で、一人の男が真理を悟る。人間とはいかなる存在であり、この世界はどのような法則のもとに成り立っているのか。すべてを見通したと、男は考えた。やがて男は、その真理を周囲の人々に語り始める。彼の教えは、次第に多くの支持者を獲得し、彼の死後にも、信奉者はますます増えていった。釈迦《しゃか》やブッダといった呼び名で伝わる、その男の悟った真理を、仏教という。

仏教は、アジアを中心に影響力を拡大し、現在、欧米も含めた世界の各所に広がっている。時代や地域ごとに異なる多様な文化や思想や学問と、仏教は関係を取り結び、その可能性を拡張してきた。そして、近年ではとりわけ、科学との関係性を強固にしつつある。

仏教と科学というテーマをめぐっては、チベット仏教の僧侶《そうりょ》ダライ・ラマ（一九三五〜）の言動が、世界的によく知られる。現代に生きる最も著名な仏教者である彼は、科学への深い共感と理解のもと、日本を含めた世界各地で、科学者たちとの対話を重ねてきた（ダライ・ラマ法王他二〇一三）。彼は、仏教と科学は、ともに現実の本質を理解するための探究方法だと考える。それゆえ、「もし科学的な分析によって仏教のある主張が誤りだという結論が出れば、その科学的な研究結果を受け容《い》れ、仏教の主張を捨てなければならない」とすら述べている（ダライ・ラマ二〇一二）。仏教界を代表するような僧侶の発言として、実に大胆である。

一方、日本で仏教と科学に関し多くの発言をしているのが、仏教学者の佐々木閑《ささきしずか》だ。京都大学の工学部出身という、仏教学者としてはやや異色の経歴を持ち、科学と仏教の双方について、平明な語り口で解説する。佐々木は、キリスト教のような一神教とは異なり、「超越者の存在を認めず、法則性だけで世界を理解しようとする仏教の立場は、現代の科学的世界観と共通するものがある」と指摘する。そして、釈迦を「精神世界の法則」の発見者として位置づけ、さらに、将来的には「仏教が科学と一体化するのではないか」とも指摘する（佐々木二〇一三a）。

仏教には、科学と領分を異にしながらも、科学と通ずる部分があり、科学と共存しうる。ダライ・ラマや佐々木の発言には、そうした信念がはっきりと見える。釈迦が開示した真理は、二五〇〇年の時を経て、科学というまた別の真理の探究方法と並び称されているのだ。そして、こうした仏教と科学の共通性をめぐる信念は、現代世界を生きる人々のあいだで、徐々にだが確実に共有されつつあるように思える。

仏教と科学の多様性

とはいえ、ここで注意すべきは、何をもって仏教とし、何をもって科学とするか、という問題だ。仏教については、ひとまず「釈迦の教え」とするのも可能である。だが、釈迦の死からしばらくの後に発生した、いわゆる「大乗仏教」も、特に日本では大きな影響を及ぼしてきた。そして、釈迦が直接的に説いたとされる教えと、その教えの再解釈ないしは拡大解釈である大乗仏教には、大きく異なる部分もある（平岡二〇一五、佐々木二〇一九）。その上、大乗仏教の内容も様々だ。仏教と科学の共通性といった場合に、そこで想定される「仏教」が何なのかは、常に気にかけておく必要があるだろう（Lopez Jr. 2008）。

この点は、科学の側についても同様である。人間が住まうこの世界を、一定の観察に基づき説明する、といったレベルの営みも「科学」と呼ぶのであれば、この種の営みは、大昔から世界中で行われてきた。たとえば、自分たちの生活環境で出会う動植物の分類や特徴の把握は、広い意味での科学である。あるいは、その種の科学を人間の生活に役立てる技術も、たくさんある。特定の薬草の効能に関する知識に基づき病気を治す、といった習慣は、人間が暮らす多くの場所に見られるだろう。

だが、今日において一般的に科学と認識されるのは、やはり西洋で発展し、その後に世界中に普及した、いわゆる近代科学であると言っていい。それは、およそ一七世紀の西洋社会で、

「全知全能」の神ではなく人間が、徹底した観察や実験によって、自然界の法則を体系的に明らかにするためのプロジェクトとして誕生した（村上一九七六）。近代科学によって、地球をその一部とする宇宙の真の成り立ちが明らかになり、生命進化の過程が解明され、人間の身体や脳の働きが見通せるようになってきた。そして、近代科学を応用した様々な科学技術が、人間の生活のあり方を抜本的に変えてきたのだ。

仏教と科学の共通性を現代人が語る場合、基本的に念頭に置かれているのは、この近代科学だろう。古代インドに成立し、アジアの伝統宗教となった仏教に、近代西洋に誕生した科学との近似性が読み取れる。あるいは、近代科学を先駆けていた部分が、仏教にはある。そうした発見による驚きや感動が、仏教と科学を重ねて語る人々の動機付けになっているのは、間違いない。

ただし厄介なのは、仏教のなかで伝わってきた科学的な発想が、現在の通常の科学よりも理論的に優れている、といった説明も、ときになされることである。すなわち、近代科学とは異なる世界や人間の説明の仕方として、仏教の「科学」性を評価する、という立場である。特に、生命のとらえ方や、人間の心に関する理解として、近代の唯物論的な科学とは異なる仏教の考え方が、高く評価されるパターンが多い。

このような場合、仏教と科学について議論する際の「科学」は、必ずしも近代科学のことではなくなってくる。仏教と科学が同時に語られるとき、科学という言葉の意味するところは、しばしば変幻自在となり、近代科学の枠組みを超えていく。この仏教と科学のダイナミズムをめぐる繊細な考察は、私たちの科学観をより深めるのに役立つだろう。

そして、いくつかの仏教と、いくつかの科学が出会い、その出会いのなかで互いの内実を豊かにしていく仏教と科学の関係には、思いのほか長い歴史がある。本書はその歴史の、とりわけ重要な一部を切り取るための試みである。

2　近代科学と仏教

科学と宗教の関係

そもそも、科学と宗教は本来的に対立するのではないか、と直感的に思う人も多いだろう。科学的な知識や技術は、基本的に神や仏を想定しない。それゆえ、科学の進展は、宗教がそれまで伝えてきた世界観を破壊するのではないかと。神や仏を持ち出さずとも、科学というより有効な方法で、我々が生きるこの世界の真相を明らかにできるようになるのだから。

だが、歴史の語るところは、そう単純ではない。科学と宗教は、ときに対立すれば、ときに補い合い、さらには、相互に支え合う場合もあるのだ（ブルック二〇〇五）。比較的よく知られる事実として、科学革命を主導したニュートンらは、敬虔《けいけん》なキリスト教徒であった。彼らは、宇宙のなかに神の計り知れない意図を読み取ろうとした結果、近代科学を切り開いたのだ。現在もなお、神を信じ続ける科学者たちは存在する（三田二〇一八）。逆に、科学の知識を頼りに、神の存在をかたくなに否定しようとする無神論者たちは、むしろ、何があっても「無神」という真理を固く信じようとする、熱烈な宗教者のようにも見える（中村二〇一九）。科学的な知識の普及は、宗教の衰退を必ずしも導かない。

仏教と科学の関係についても、事情は同様である。対立と共存、それぞれのかたちが歴史的にあり続けてきた。冒頭に述べたとおり、現在では仏教と科学の共通性を語る人々が少なくないが、もちろん、仏教と科学が不和を起こす事例も、これまでにしばしば見られた。この仏教と科学の対立と共存のダイナミズムは、宗教史と科学史の双方にとって、示唆深い現象だろう。仏教と科学が出会うとき、そこでは何が起きてきたのか。仏教と科学の関係史を、本書のおもなフィールドとなる日本の事例を中心にして、以下に概観してみたい。

仏教の宇宙観

釈迦が仏教を伝えはじめて以降、仏教を学ぶ僧侶たちのあいだでは、医学的な知見が伝承されてきた（松長一九九七）。修行僧の生活習慣を律するための戒律関係の文献には、初期のものから、ケガや病気の治療方法が記されている。たとえば、蛇にかまれた際の処置や、外科手術の器具に関する言及などもある。七世紀に戒律を学ぶためにインドを旅した義浄《ぎじょう》の旅行記『南海寄帰内法伝』には、インドの医学についての詳しい報告が見える。また、大乗仏教、とりわけ密教の経典には、インドの伝統的な医学や薬学の知識が、数多く取り入れられている。四世紀ごろのインドの僧侶、ヴァスバンドゥ（世親《せしん》）の著書である『阿毘達磨倶舎論《あびだつまくしゃろん》』には、仏教の宇宙観や科学的な世界認識が、詳細に示される（佐々木二〇一三b）。人間の心の構造や、その構造を成り立たせている要素、要素間の因果関係などについて、かなり緻密《ちみつ》な説明がなされているのだ。また、そうした心の構造の解明とともに提示される仏教的な宇宙観は、この世界の真相についての壮大なイメージを提供してくれる。

仏教が描く宇宙の姿は次のとおりだ。果てしない虚空のなかに、とてつもなく巨大で厚みのある円盤（風輪）が浮かぶ。その巨大な円盤の上に、少しサイズの小さな、といってもやはり巨大で厚みのある円盤が二つ（水輪、金輪）積み重なり、最上段の円盤の上には、山、海、島などが乗っかっている。具体的なイメージとしては、「たらいを伏せてその上に風呂桶《ふろおけ》を伏せ、風呂桶の上にバースデー・ケーキをのせた姿を想像」してほしい（定方一九七三）。ただし、それは凄《すさ》まじく巨大なケーキであり、私たち人間は、そのケーキの一部としてある島あるいは大陸（贍部洲《せんぶしゅう》）に住むとされる。そして、ケーキの中心にそびえ立つのが、須弥山《しゅみせん》という、途方もなく大きな山だ。ヒマラヤ山脈の最高峰も遠く及ばぬ高さを誇る。

「須弥山説」と通称されるこの仏教的宇宙観は、古代インドの地理学的な知識にある程度は依拠しながらも、基本的には空想上の産物である。特に、須弥山のさらに上空に到達するには、瞑想《めいそう》による心の働きの浄化が必要とされており、これは一種の宗教思想と考えるのが妥当だろう。だが、僧侶や仏教徒のなかには、長らくこの説を事実として支持する人々もいた。日本でもそうである。結果、やがては近代的な天文学や地理学の知見に基づく批判が、須弥山説に投げかけられるようになる。

仏教天文学のビジョン

日本では西洋天文学の輸入に先立ち、仏教に批判的な儒学者や国学者などから、須弥山説は批判を受け続けてきた（吉田一九八六）。たとえば『両部神道口決鈔《りょうぶしんとうくけつしょう》』（一七一六）には、須弥山説で世界をとらえる仏教徒は、「地球ハ中央ニ在テ円満」なこと（地球球体説）を知らないという、儒学者による仏教批判が記される。本居宣長《もとおりのりなが》（一七三〇〜一八〇一）もまた、一定の観測に基づく地球説とは異なり、須弥山説は「いよいよ奇怪」であるとし、仏教者の見解は「ただ書籍のうへのみにていふ空論」だと退ける。こうした仏教批判に追い打ちをかけるように、続いて近代科学からの須弥山説への非難があらわれてくる。

一八世紀の後半、徳川吉宗《とくがわよしむね》による禁書の緩和令により、洋書を通して西洋の科学思想が、日本でも様々な分野で受容されるようになる。西洋天文学の理論は、その筆頭に挙げられるものだ。地動説の一般への紹介者としては、司馬江漢《しばこうかん》（一七四七〜一八一八）がよく知られる。著書の『和蘭天説《オランダてんせつ》』（一七九六）では、翻訳されたオランダ書などを参考に、天文、地理、気象などについて、多くの図版を用いて平明に解説した。そして、西洋天文学に基づき地動説をとる江漢は、『独笑妄言』(一八一〇)で、須弥山説は「虚妄の論」だと批判する。江漢らの意欲的な活動もあり、地動説は知識層を中心に支持者を増やしていく。

儒学者たちからの批判や、西洋天文学の隆盛に対し、独自の「仏教天文学」を立ち上げたのが、天台宗僧侶の普門円通《ふもんえんつう》(一七五四〜一八三四)である。彼は、仏典を幅広く読み込みながら、仏教の宇宙観を改めて整理し、それを西洋天文学の考え方と比較しながら、「須弥界」という世界を構想した。また、西洋天文学が地球儀を用いて世界を説明するのに対抗して、須弥山を中心とする仏教の宇宙観を、道具を通してわかりやすく示す「須弥山儀」を作成する。そして、「梵暦《ぼんれき》」と呼ばれる仏教天文学を体系化し、その理論をもとに日食や月食などの天文観測を行って、人々に仏教の正当性を認めさせようと試みた(岡田二〇一〇)。

円通による仏教天文学(梵暦)の挑戦に対しては、伊能忠敬《いのうただたか》(一七四五〜一八一八)のような実証的な天文学者からの批判があったのはもちろん、一部の仏教者からも、仏教者は教義の研鑽《けんさん》に努めるべきで、天文学などに手を出すべきではない、といった異論が提示された。一方で、彼の理論や活動に賛同する僧侶や仏教徒たちもおり、円通は「梵暦社」を組織して彼らを導いた。円通が没した一八三四年には、門人は一〇〇〇人を超えたともいわれる。

円通の仏教天文学は、現在の観点からは、どう見ても疑似科学の一種である。だが、本書がこれから明らかにする仏教と科学の融合の諸相を念頭におけば、それは明治以降に本格的に展開される仏教の科学化の先駆的なケースとして、きわめて興味深いものがある。

進化論と仏教

天文学に続き、仏教の伝統的な世界観に再考を迫ったのは、ダーウィンの進化論である。生命の歴史を自然選択の繰り返しから説明する進化論は、神による世界や生命の創造を説くキリスト教とは、きわめて相性が悪い。現在もなお、『聖書』の教えに忠実に生きる原理主義的なキリスト教徒は、進化論を認めていない。アメリカのケースはよく知られるところだ（三井二〇一九）。それに対して、仏教では進化論へのアレルギーは、あまり強くない。近代日本でも、この点は変わらず、進化論に肯定的な仏教者は少なくなかった。

ただし、進化論が暗示する唯物論的な世界観は、人間の精神性や、道徳的な生き方を重んじる仏教の考え方と、ときに対立する。進化論と出会った日本の仏教者たちは考えた。我々が尊んできた宗教心や道徳心は、しょせんは進化の過程で生まれた副産物に過ぎないのだろうか？いや、そんなはずはないだろう――。かくして、仏教と進化論を調停するための思想的な取り組みが、近代日本をとおして数多く見られたのである（Godart 2017）。

明治の仏教者たちは、自然やその一部である人間を、自らの生き残りを懸けて争いあう存在とは理解しなかった。進化論が示す「生存競争」の考え、「弱肉強食」を連想させるその発想を、拒絶したのだ。かわりに、それぞれの生命が調和的に共存する世界を思い描き、すべての生命のなかには、等しく仏性《ぶっしょう》（仏としての本質）が宿ると考えた。この世界を構成する生命や自然は、進化論が述べるとおり、過去も現在も未来も、ひたすら変化し続ける。だが、その変化を駆動するのは、進化論が説く自然選択の法則ではなく、万物にそなわった仏の力なのである、と。

こうした仏教的に再解釈された進化論は、仏教者だけでなく、日本の一部の生物学者からも提唱された。たとえば、丘浅次郎《おかあさじろう》（一八六八～一九四四）である。丘のベストセラー『進化論講話』（一九〇四）は、近代日本の進化論入門書の代表作の一つとして、大いに読まれた。名声を獲得した彼は、しかし、自身の生物学研究に基づく、独自の人類滅亡論を唱えはじめる。『生物学講話』（一九一六）では、「盛者必滅、有為転変は実に古今を通じた生物界の規則であって、これにもれたものは一種としてあった例はない」と述べ、同書の終章「種族の死」では、最後に人類の滅亡を予言した。この生命進化の悲観的な末路に関する彼の考え方には、仏教の無常思想からの影響が指摘されている（渡辺一九七六）。

進化論とキリスト教の対立が話題になりやすいため、進化論と宗教は根本的に相容《あいい》れないと、直観的に考えられがちである。だが、近代日本では、進化論を積極的に受容し、新たな宗教思想を開拓した仏教者たちがいれば、仏教的な発想を取り込みながら、自らの生物学を構築し発信した生物学者もいたのだ。こうした科学による仏教の、必ずしもネガティブではない再編成は、進化論以外の事例にも、様々に見て取れるだろう。

アメリカの仏教と科学

近代以降の仏教と科学の接近は、伝統的に仏教国といっていい日本だけでなく、西洋とりわけアメリカでも起こった。アメリカではキリスト教が大きな勢力を有してきたが、キリスト教のオルタナティブとなりうる宗教の一つとして、一九世紀後半には仏教への注目が高まる。いくつかの仏教雑誌が発行されるようになり、わずかであれ仏教への改宗者も出現した。そして、アメリカ人による仏教への評価として重要なポイントの一つは、仏教の科学性にあった。新しい生物学や心理学による世界や人間の理解と最も矛盾しない宗教が、仏教だと考えるアメリカ人が出てきたのである（Tweed 1992、タナカ二〇一〇）。

そのうちの代表的な人物が、ポール・ケーラス（一八五二～一九一九）だろう。哲学者として仏教研究にも励んだ彼は、「科学的宗教」を提唱し、合理的な教えを説く仏教に強く共感した。啓蒙《けいもう》的な仏教入門書『仏陀《ぶっだ》の福音（*The Gospel of Buddha*）』（一八九四）を刊行し、同書は三〇〇万部に上るロングセラーとなり、アメリカ人の仏教理解に一定の影響を及ぼす。

ケーラスは、「天文学が占星術より脱化し、化学が錬金術より発達した」のと同様に、既存の宗教がその伝統的な殻を破り、自然界の法則を合理的に語りうる新たな宗教、すなわち「科学的宗教」が生まれる、と信じた（ケーラス一八九九）。とりわけ、形骸《けいがい》化した教会のあり方を批判し、キリスト教を科学的に再生するのが、彼の目的であった。その思索のなかで、彼は仏教に「科学的宗教」の好例を見出《みいだ》すのである。

ケーラスにとって仏教は、科学的な発見や理性から導かれる結論と矛盾せず、同時に道徳心を満足させ、他宗教との対話にも応じられる、理想的な宗教の一つであった。釈迦の説いたカルマ（業《ごう》）の教えは、自然の法則と同じであり、「現代科学の理論とまったく一致する」のだと、彼は自信をもって述べていた。

ケーラスは、日本の一部の僧侶とも親交を結ぶ。特に重要なのが、鎌倉《かまくら》の円覚寺《えんがくじ》の管長を務めた臨済宗僧侶、釈宗演《しゃくそうえん》（一八五九〜一九一九）である。両者は、一八九三年に世界初の国際的な宗教間対話のイベントとして開催された、シカゴ万国宗教会議の場で出会った。会議で講演を行った宗演は、仏教を、外的な物質世界と内的な心の世界をともに、原因と結果が連鎖する因果関係の法則のもとに説明する宗教としてプレゼンする。キリスト教のように絶対的な神を想定せずとも宗教は立派に成立しうる、という宗演の主張に感化された西洋人は、少なからずいた。ケーラスもその一人である（Snodgrass 2003）。

宗演に敬意を抱いたケーラスは、自らの仏教研究や出版事業をサポートしてくれる人物を宗演に求め、宗演は、弟子の鈴木《すずき》大拙《だいせつ》をケーラスのもとに派遣する。大拙は、ケーラスのもとで、西洋思想と対峙《たいじ》しうる自らの仏教思想を鍛え始めた。ケーラスの『仏陀の福音』を日本語訳したのも大拙だ（ケーラス一八九四）。やがて大拙は、仏教の存在意義をケーラスの言うような「科学的宗教」とは異なるところに見出すようになるが、これについては本書で後に詳しく論じる。

近代仏教学と大乗非仏説

西洋と日本の接触をとおした仏教と科学の交わりとして、最後に、西洋発の近代仏教学について触れておこう。近代仏教学とは、アジア各地で発掘・収集されたサンスクリットやパーリ語文献の客観的な分析に基づき、釈迦の生涯や、仏教の経典の内容を明らかにし、それらを歴史的に位置づける研究分野である。アジア圏に広く植民地を有したイギリスやフランス、あるいはドイツなどで、一九世紀に確立した学問だ。ウジェーヌ・ビュルヌフ（一八〇一～五二）やマックス・ミュラー（一八二三～一九〇〇）らの研究を先駆とする。

仏教と科学の関係について考える際、なぜ、この近代仏教学が重要なのか。それは、近代仏教学が、科学的な世界観に基づき、仏教の歴史を描き出してきたからである。大学の図書館や研究室の中にこもって、釈迦とその教えの実態解明を目指した西洋の学者たちは、アジアに生きる仏教の現状は軽んじながら、神話や呪術《じゅじゅつ》性とは無縁な、仏教の「真の」姿を描き出そうとした（Almond 1988）。結果、釈迦にまつわる非科学的な伝承は否定的に位置づけられ、かわって偉大な人格者、ないしは理想的な道徳の体現者としての釈迦のイメージが形作られるのだ。

たとえば、仏教の伝承では、釈迦が悟ろうとした際、悪魔がやってきて彼の修行の邪魔をしようとした、とされる。近代仏教学では、この悪魔は実在するものではなく、人間を惑わす様々な欲望の「象徴」である、といった理解がなされるようになった。仏教の歴史を合理的に論じようとする西洋の学者たちにとって、悪魔のような迷信的な存在は、決して認められないのである。

この近代仏教学が明治以降、日本にも輸入される。おおむね文献をとおして仏教の合理的な理解を試みた西洋人とは異なり、一九世紀の日本では、仏教を多様なかたちで信仰する者が多数いた。釈迦も当然のごとく神格化されており、ただの人間ではなく、祈ればご利益を与えてくれる、ありがたい存在にほかならなかった。

だが、西洋の学問を無視し続けることもできない。先進的な意識を持った僧侶や、仏教に強い関心を抱く学者や知識人らは、次第に近代仏教学を受容し、釈迦のイメージを少しずつ合理的なものへと変化させていく。そして、自分たちが釈迦に対して伝統的に捧《ささ》げてきた尊崇の念と、歴史上に生きた一人の人間としての釈迦の実像への探究心を、なんとか調停させながらの、学問的な苦闘が行われるのである（Auerback 2016）。

さらに、近代仏教学が提起したいわゆる「大乗非仏説」も、日本の仏教関係者にとって頭の痛い問題となった。西洋の学者たちは、大乗仏教の経典を科学的に研究した結果、大乗仏教は釈迦が唱えた説ではなく、後世の僧侶らによる創作だと見抜いた。そこから「大乗非仏説」が主張されるようになる。そして、ミュラーをはじめとする西洋の学者たちは、偉大な釈迦の説いた教えにくらべれば、後の時代につくられた大乗仏教は質的に劣ると評価したのだ。

日本の仏教は、基本的に大乗仏教である。そのため、日本の知的な僧侶らは、西洋発の近代仏教学が投げかけた「大乗非仏説」を、どう乗り越えるかという課題を抱えることとなった。たとえば、オックスフォード大学に留学し、ミュラーのもとで仏教研究を進めた真宗大谷《おおたに》派僧侶の南条文雄《なんじょうぶんゆう》は、ミュラーは学者としては尊敬できるが、信仰については自分と同じ道を歩む者ではない、としたのである（林二〇一四）。

仏教を科学的にとらえ返そうとするとき、近代に至るまで仏教の伝統のない西洋と、長らく仏教を信じ、あるいは親しんできた日本を含むアジア諸国では、受け止め方が大きく異なってくる。伝統仏教の体現者たる僧侶たちの場合は、特にそうだ。近代仏教学の形成と、世界への拡張の歴史は、仏教と科学の関係をめぐるこの基本的な前提を、最もよく認識させてくれる事例の一つと言えるだろう。

3 何を明らかにするのか？

仏教瞑想の科学

かくして展開されてきた仏教と科学の関係史の延長で、現在、大きな注目を集めているのが、仏教瞑想の科学的な研究である。釈迦はインドの大きな木の下で真理を悟った際、どのような状態にあったのか。奥深い瞑想のなか、特殊な意識状態にあった、と理解するのが妥当だろう。では、釈迦が体験したような特別な意識状態とは、いかなるものなのか。これを脳科学や神経科学によって明らかにする研究が、徐々に進展してきているのだ（永沢二〇一一、藤野二〇一六、ニューバーグ&ウォルドマン二〇一九）。あるいは、瞑想が人間の心身にどう影響を及ぼすのかに関しても、科学的な知見が積み重ねられつつある。

近年、世界的な瞑想ブームが起き、特にアメリカを発信源とするマインドフルネスの人気には、目を見張るものがある。詳しくは本書の終章で論じるが、この瞑想ブームの背景の一つは、瞑想の好ましい効果が、科学のお墨付きを得て宣伝されていることにある。宗教には関心のないビジネスパーソンも、瞑想の意義の科学的な説明には納得して、進んで瞑想に取り組むようになってきたわけだ。瞑想と科学の結託こそ、現代世界における仏教の位置を問う上で、最も注目すべき動向の一つだと言って間違いない。

だが、仏教瞑想と科学の結びつきは、最近になり急に始まった話では、まったくない。すでに一〇〇〇年以上の歴史があり、そして、これに先んじて取り組んだのは、日本人である。アジアのなかでも仏教が安定的に維持された国の一つであり、近代以降は西洋から最新の科学や技術を貪欲《どんよく》に採り入れてきた日本では、前節で概観したとおり、仏教と科学が、様々な局面で交渉を繰り返してきた。そして、仏教瞑想を科学的に取り扱う人々の系譜も、確固として存在するのである。

本書が明らかにするのは、そうした仏教と瞑想と科学の関係をめぐる近現代史である。ここで言う仏教には、釈迦の教えはもちろん、禅や密教など、日本では伝統的に釈迦の教え以上に重要視されてきた仏教の思想と実践も含まれる。一方、本書で登場する科学には、心理学や神経科学のように、今日もなお近代科学の一種とされるものから、催眠術やニューサイエンスのような、疑似科学やオカルトと近接ないしは重なりあう領域の「科学」もある。これらの多様な仏教と多様な科学が、瞑想という、人間の心と身体をコントロールするための技法をめぐり、いかに交差してきたのか。本書のおもな問題関心はそこにある。

各章の概要

あらかじめ各章の概要を示しておこう。

第一章では、明治期における仏教と心理学の関係を論じる。一九世紀に近代科学として成立した心理学は、日本にもすぐに輸入される。明治期の心理学は、当初、井上円了《いのうええんりょう》のような仏教者の積極的な関与があった。仏教者は、心理学に何を求めたのか。これを明らかにした上で、今度は心理学者による仏教へのアプローチへと話題を移す。主役は、東大で最初の心理学教授、元良《もとら》勇次《ゆうじ》郎《ろう》だ。元良の、禅をはじめとする宗教への関心について検討した上で、最後に、宗教的な心理、あるいは宗教体験をめぐる科学のあり方について一考する。

第二章では、明治のとりわけ後期に大流行した、催眠術に注目する。催眠術は、仏教界の一部でも熱心に取り上げられ、仏教と催眠術の接点が、各所で見られるようになる。一方、催眠術を研究した心理学者の一人である福来友吉《ふくらいともきち》は、念写の実験なども繰り返すなか、宗教とりわけ仏教のほうへと関心を移していった。こうした催眠術と仏教にかかわる諸動向からは、心身の操作法としての「術」をめぐって、宗教や科学というジャンルの境界が揺れ動く様が読み取れる。

第三章では、明治後期から昭和初期までの、密教と科学の交渉を検討する。仏教のなかでも呪術性の濃厚な密教は、近代科学と相容れない部分が少なからずある。実際、祈禱《きとう》儀礼の評価をめぐり、真言密教の僧侶たちが苦慮する場面も見られた。他方で、密教と科学は矛盾しないと説く科学者が出現すれば、科学的な健康法を開発する真言宗僧侶も台頭してくる。この過程で鮮明になる密教と科学の交点は、もっぱら心身という場で発生する。その意味について、密教以外の宗派の事例も踏まえながら考察しよう。

第四章では、昭和期を中心にして、禅の科学の展開を跡付ける。禅の科学的なとらえ方は、明治大正期から早くも一定数の事例がある。だが、本格的に進展するのは、戦後になってからである。佐藤幸治《さとうこうじ》に代表される心理学者らがおもな担い手となるが、禅の科学化に対しては、禅宗の僧侶たちからの批判も出てくる。とりわけ、宗教体験は科学では把握できないと主張した、鈴木大拙の思想が注目される。一方で、禅の科学は、現世利益としての仏教を、新たなステージへと移行させた。この点は、日本さらには世界の宗教史的に見ても、非常に重要である。

第五章では、一九七〇年代以降に隆盛するニューサイエンスのなかの仏教の位置を検証する。機械論的で還元主義的な近代科学のあり方を乗り越え、物質と精神のトータルな把握を目指したニューサイエンスは、新たな世界観を構築するためのヒントを、東洋思想に求めた。湯浅泰雄《ゆあさやすお》の東洋的身心論やチベット密教に世界的な注目が集まるなか、世紀末の日本では、科学と宗教の接続に積極的だったオウム真理教が、未曾有《みぞう》のテロ事件を起こす。一方で、この事件の発生から間もなく、「脳内革命」のために瞑想を勧める本が、国内で大ベストセラーとなった。

終章では、まず、近年のマインドフルネス・ブームの現状と由来を解説する。その上で、仏教と科学、そして人間の関係は今後どうあるべきかを、日本の近現代の事例を踏まえた上で論じよう。

科学化する仏教

現代日本で仏教は、良くも悪くも伝統的なものと見なされがちである。今日の寺院は、おおむね葬式や法事のための会場か、さもなければ、観光目的で訪れる文化財の一種と化している。僧侶は、古風な衣装を着用し、経典の言葉を呪文《じゅもん》のように唱える、不可思議な存在のように思える人もいるだろう。実際、仏教界には部外者の目には不合理に感じられる古めかしい風習が、一般社会よりも多く残る。

だが、本書が明らかにするとおり、近現代をとおして日本の仏教は、時代の最先端の科学との接点を持ちながら、仏教の可能性を常に問い直してきたのである。科学者が仏教に接近する流れは絶えることがなかったし、仏教者が科学へと歩み寄るための道も、常に開かれてきた。

日本において仏教が伝統的なものであるのは確かだが、それは、現代科学との交渉を、ときに熱烈に行うこともある伝統なのである。

この近現代の日本に連綿と続く伝統を、「科学化する仏教」と名付けてみよう。その実態と問題を多角的に解明する本書は、仏教と科学、双方の可能性を探るための、一つの挑戦的な宗教史の試みとなるはずだ。

第一章　心理学と仏教

1　二つの心の科学

共通点と相違点

西洋の天文学は仏教の宇宙観を大きくゆさぶり、ダーウィンの進化論は、仏教の生命観に新たな問いを突き付けた。序章でその概要を述べたとおりである。そして、進化論と同様、一九世紀に確立する近代科学としての心理学も、仏教による心のとらえ方に、少なからぬ影響を及ぼしていく。

人間の心をどう理解するか。この問題は仏教にとって、釈迦の時代から最も重要なテーマの一つである（仏教思想研究会一九八四）。アジアの僧侶《そうりょ》たちは、仏教の歴史をとおして心の考察に多くの時間を費やしてきた。無知や欲望ゆえに迷い苦しむ自己の心のあり方を分析し、人間の心を苦悩から解放するための方法を求める知的な営みを、仏教者たちは、これまで延々と続けてきたのだ。

仏教には「心の科学」とも評せるような性格が、確実にある。世界の宗教で、ここまで心の性質の解明に努めてきた伝統は、おそらく、ほかに存在しない。仏教は心理学と相性の良い宗教であると言っていい。

とはいえ、仏教は近代科学としての心理学とは、根本的に異なる。何が違うのだろうか。第一に、仏教が心に関する考察を深めるのは、個人の悟りや救いを達成するためである。それに対し、心理学は、あくまでも人間の心の客観的な理解を目指す学問だ。たとえ心理学的な知見のいくつかが、人間を宗教的な悟りや救いに導くのに役立ったとしても、それらは、心理学の本来の目的には断じてなり得ない。

第二に、仏教が対象とする心は、まずもって自己の心である。それに対し、心理学が問題にするのは、人間であれば誰にでも共通する心だ。仏教者は、瞑想《めいそう》などにより自己の心の動きを探索する。そこから得られた見解を、他の人間に伝えることはあっても、主眼はどこまでも自己の心にある。一方、心理学者は様々な実験方法によって、人間に一般的な心の働きを検証する。心理学者が、自己の心を研究対象にする場合もあるだろうが、それもまた、すべての人間に当てはまる心の性質を明らかにするための方法の一つである。

仏教も心理学も、人間の心の本質に関心を抱き、心の探究に取り組む。だが、仏教が自己の心を中心にして、個人の悟りや救いにつながる心の法則を熟慮するのに対し、心理学は、人間の心の一般法則を導き出すために、自他の心の客観的な考察に尽力する。このように、仏教と心理学は、ともに広い意味での「心の科学」でありながら、本質的に似て非なるものであることを、まずは確認しておきたい。

心理学の誕生

仏教と近似した部分を持ちながらも、本質的に異なる心理学の考え方の基礎には、近代科学の世界観がある。それは、人間が生きるこの宇宙から、目的や意味を取り除いた世界観である。科学史家のモリス・バーマンが指摘するとおり、中世の西洋では、自然や生命は神が定めた目的に従って動き、存在すると考えられた（バーマン二〇一九）。絶えず流れ続ける水、燃え上がる炎、空中を飛び交う鳥、大地を駆け回る動物たち——これらはすべて神の意図に基づき存在し、それぞれの使命を果たしていると想像された。

そして、人間もまた、神がそこに意味を与えた世界に参加していると信じられた。それゆえ、人間がこの世界の成り立ちを知ることは、自分がいかに生きるべきかを学ぶことに直結した。自然界には、隅々にまで神の意図が存在する。それらの意図を日々の暮らしのなかで読み取り、神が自己に与えた意味や目的を常に確かめながら暮らすこと、それが中世人の生き方であった。

だが、一七世紀の科学革命以降の世界では、自然や生命に関する科学的な説明と、人間の生き方が、直接的には関係しなくなる。自然界は機械的に運動する物質の集合であり、人間もまた、その物質の一形態に過ぎないと考えられるようになったからだ。物理学や生物学といった各種の科学によって、世界に広がる物質や生命のメカニズムは解明できたとしても、それは個々の人間の生きる意味や目的には、必ずしもつながらなくなったのだ。

他方で、物質としての自然界には収まりきらないものもあった。それは、個々人の意識としての心である。近代以降の少なからぬ学者や思想家たちは、心と物は互いに明確に区別できる、異質の存在だと位置付けた。フランスの哲学者デカルトは、その代表である。そして、デカルトらが唱えた近代的な物心二元論のもと、人間の心を研究対象とする、近代科学としての心理学が生み出される。

近代以前の西洋にも、個人の意識を分析する営みは、すでにあった。中世カトリックの教父アウグスティヌスの『告白』（三九七～四〇〇）には、自己の内面への鋭い観察や、人間の認識能力に関する深い洞察が見える。また、一七世紀以降には、ロックやバークリーらイギリスの経験論の思想家たちが、原子や分子の集まりで出来た物質世界からの類推で、心の構成要素の結合や分離のメカニズムを論じ始める。これらも、広い意味での心理学であると評せる。

しかし、今日的な意味での心理学は、一九世紀になり誕生した。画期は、それまで行われてきた個人の内省的な意識の分析に、新たに実験的な方法が適用された点にある。人間の心が外部からの刺激にどう反応するかという事実を、数量的なデータを収集して研究する手法が確立するのだ。一八七九年、ドイツのライプチヒ大学で、ヴィルヘルム・ヴント（一八三二～一九二〇）が実験心理学の研究室を運営しはじめたのを機に、近代科学としての心理学が成立した

（高橋二〇一六）。

　このように、心理学は、人間の心を物質とは異なる次元でとらえる。一方で、物理学や生物学が物質や生命に対するのと同じように、心理学からは、心の意味や目的は度外視して、その機械的なメカニズムの解明を目指す。したがって、心理学からは、心を持つ人間の生き方を導く教訓は、直接的には出てこない。それゆえ、近代科学としての心理学は、心の分析が悟りや救いといった人間の生の根源的な問題とダイレクトにつながる仏教とは、まったく異なる世界観を背景としているのだ。

日本への心理学の輸入

　明治以降、西洋から大量にもたらされた文物の一部として、心理学が日本にもやってくる。日本語の「心理学」という言葉を最初に使ったのは、哲学者の西周《にしあまね》（一八二九〜一八九七）だ。一八七五年から翌年にかけ、『心理学』（文部省）と題した翻訳書を刊行している。ただし、その原著はアメリカの哲学者ジョセフ・ヘブンの“*Mental Philosophy Including the Intellect, Sensibilities, and Will*”（知・情・意を含む精神哲学）であり、いわゆる心理学の著作ではなかった。今日、「心理学」は‘psychology’の訳だが、西は別のところで‘psychology’を「性理学」と訳している。性理学は、西が若い頃によく学んだ儒学の一種であり、心の本性を見極めるための学問である。

'psychology'が「心理学」と訳されるのは、一八八一年に刊行された哲学者の井上哲次郎《いのうえてつじろう》の編集した辞書『哲学字彙』が最初だ。その後、'psychology'に「心理学」を当てる翻訳書が数多く出版され、明治二〇年代までに、心理学という訳語は定着する（佐藤・溝口一九九七）。

西洋の心理学に最初期に接し、訳語の選定にかかわった西周が、心理学に儒学の「性理学」を重ね合わせたのは、心理学の歴史にとっては些末《さまつ》な事実だろう。しかし、本書の関心からは注目に値するエピソードだ。日本では伝統的に、心の理解を深めるための学問の一つとして、儒学があったことをよく物語るからである。そして、日本で儒学以上に心の理解に深く関与してきた学問は、仏教にほかならない。

実際、西洋からの心理学の輸入を受けて、仏教を「東洋心理学」として提示しなおす著作が、はやくも明治二〇年前後に出版されている。真宗大谷派の学僧、雲英晃耀《きらこうよう》の『東洋心理初歩』（一八八五）や、本願寺《ほんがんじ》派の学僧、烏水宝雲《うすいほううん》の講義をまとめた『唯識三十頌要解―一名東洋心理学指針』（一八八九）がそれである。前者は、仏教の基本的な学びである唯識や因明《いんみよう》（論理学）を、西洋の哲学や宗教より優れたものとし、後者も、西洋の心理学を念頭に置きつつ、心を合理的にとらえる仏教の教えの意義を強調した（石井二〇一八）。

これらの「東洋心理学」に関する著作は、いずれも唯識を理論的な基盤に据えている。唯識は、読んで字のごとく、この世界をすべて個人の認識（心）の働きから説明する。そのため、仏教の数ある教義や学説のなかでも、心理学と通じる部分が大きい。やや時代が下ると、心理学の側から唯識を体系的に論じる研究者もあらわれる（黒田一九四四）。現在もなお、仏教と心理学を比較する際には、唯識がよく持ち出される。

既述のとおり、仏教と心理学は、似た部分を持ちながらも、目的や世界観を根本的に異にする。にもかかわらず、両者を同時に語りながら、心理学を仏教に応用する仏教者や、仏教を心理学的に理解する学者や知識人は、近代以降、ひたすら出現し続けてきたのだ。

そして、明治期において仏教と心理学を最も意欲的に結びつけ、「仏教心理学」を提唱するに至った人物が、井上円了であった。

2　仏教者の心理学――井上円了

心理学者としての井上円了

井上円了（一八五八～一九一九）は、明治の改革的な仏教者の筆頭に挙げられる人物の一人だ。真宗大谷派の寺院の出身だが、僧侶としてではなく、一種の啓蒙《けいもう》家として、国民に仏教や哲学や道徳などについて説いて回った。また、市井の人々に近代的な学問を教えるための学校である哲学館（後の東洋大学）を創設し、教育者としても大いに活躍した。彼の著書は膨大な量に上る。

円了のキャリアを決定づけたのは、青年時代の、東京大学における西洋哲学や科学の学びだ

井上円了

ろう（Schulzer 2019）。同大学の初代綜理《そうり》（学長）であった加藤《かとう》弘之《ひろゆき》（一八三六〜一九一六）の影響下で、円了は、西洋の近代科学に基づく、調査や研究の実証性を重んじる態度を身に付けた。また、同大学の教員であるアーネスト・フェノロサや外山《とやま》正一《まさかず》を通して、ハーバート・スペンサー（一八二〇〜一九〇三）の思想を知る。進化論などの近代科学を踏まえた上で、社会の構造や人間の精神性について体系的に論じたスペンサーの思想から、円了は、科学と哲学と宗教を総合的に理解するための視点を得た。

大学を卒業後の円了は、進化論を援用してキリスト教を批判したり、仏教と科学あるいは哲学との調和性を説いたりして、同時代の仏教界での絶大な支持を集める。こうした明治期の円了の活躍は、東京大学で彼が修得した諸学問の応用編であったとみて間違いない。

円了の心理学への接近もまた、その一部である。彼の心理学にかかわる業績は多岐にわたる（恩田一九九一）。一八八七年に刊行した『心理摘要』は、西洋の心理学説を、円了自身の考えをもとに整理し解説を加えたものだ。翻訳書ではなく日本人が書いた心理学の本としては、最も早い部類に入る。また、一八八六年から八八年にかけては、『通信教授 心理学』を刊行し、哲学館の通信教育のテキストとして、心理学を講義した。また、『東洋心理学』（一八九六）や『仏教心理学』（一八九七）では、独自の観点から仏教と心理学を結びつけて論じた。さらに、

『記憶術講義』（一八九四）や『失念術講義』（一八九五）など、心理学を応用した記憶の操作方法に関する実用書も出している。後述のとおり、一八九三年に東京大学で心理学の講座が開かれ、研究や教育が本格化するまでは、円了こそが日本の代表的な心理学者であった、とすら言いうる。

仏教者である円了は、なぜ、そこまで心理学にこだわったのだろうか。第一に、心理学という科学を用いた国民の啓蒙という目的があった。第二に、心理学の視点から精神の病への対処法を示す、というねらいもあった。そして、これら二つのねらいの背後には、いずれも、仏教が伝えてきた真理の世界へと人々を向かわせるという、円了が志した究極の目的がある。妖怪《ようかい》学と心理療法という、円了による応用心理学の実践の二つの代表例を見ながら、その内実を論じよう。

妖怪学と心のメカニズム

円了が妖怪学という新しい学問を構想しはじめたのは、東京大学の学生時代であった。大学を卒業後、彼は、幽霊や狐憑《きつねつ》きから、幻術や精神病まで、世の中の「妖怪不思議」に関する資料を、広く収集しはじめる。自ら全国各地で情報収集をしたり、雑誌で資料提供を呼びかけたりしたのだ。そして、集められた大量の資料に基づき、一八九三年、大著『妖怪学講義』を出版する。かくして円了の妖怪学が確立した（三浦二〇一四）。

妖怪学の対象は、現在一般に妖怪としてイメージされる天狗《てんぐ》や鬼神やお化けから、各種のマジナイや占い、幻覚や精神病まで、かなり広範な領域に及ぶ。自然界に実在しないはずのものや、常識や理性を超えた現象を、ひっくるめて「妖怪」として扱うわけだ。そして、これらの妖怪を説明するための学問として円了が依拠したのが、心理学であった。

円了は、「余は心理学をもって妖怪学の中心本位と定むるなり」（井上二〇〇四）と述べる。この発言に端的にあらわれるように、彼の妖怪学はおおむね心理学として展開された。人間はなぜ妖怪を見たと思うのか。あるいは占いを信じたりするのか。妖怪や占いを認めない人々は、それらはいずれも幻覚や迷信だという。だが、なぜ人間はそうした幻覚や迷信にとらわれるのだろうか。それをきちんと説明しなければ、人間はいつまでも妖怪を見続け、占いを信じ続けるだろう。ゆえに、妖怪を生み出す人間の心のメカニズムを、心理学によって明らかにするべきだ。こうして、円了の妖怪学に心理学の知見が存分に用いられる。

妖怪が発生するメカニズムを心理学的に説明し続ければ、やがて、人々は自然界への誤った認識を克服し、理性的に考え、正しく生きられるようになるだろう。そうした前提から行われた円了の妖怪学は、まずもって国民を啓蒙するためのプログラムの一種であった。

しかし、妖怪学の目指すところは、もう一歩先にあった。それは、仏教の真理を悟らせる、という目的である。人々が、妖怪学の学びによって、妖怪を生み出す心の働きを深く考えるようになると、その果てに、人間は自己の心の奥深さや可能性にも意識が向くようになる。天狗や鬼神をも生み出せる人間の心には、そもそも森羅万象を創造しうる力があるのではないか、と。そうした無限の可能性に満ちた自分の心を注視し、ひたすら磨き上げる。そして遂には、人間の心の可能性の極限としての、仏教の真理の世界に至る。これが、円了の企図した妖怪学の、最終的にたどり着くべき地点であった（井関二〇一九）。

円了の妖怪学は、一見すると、近代の合理主義的な発想に基づく、迷信批判のための学問のようにも思える。実際、西洋の心理学を応用して、妖怪という幻覚が生まれるメカニズムを解明し、その幻を人々の意識のなかから消去しようとする試みは、いかにも合理主義者らしいふるまいだ。しかし、彼の妖怪学がねらったのは、そうした合理的な手続きの先にもたらされる、日常的な意識を超えた真理の次元であった。その次元は、円了にとって、心理学のような科学によってその直前まではアプローチできこそすれ、たどり着いた場所では、もはやいかなる科学的な説明も受け付けない、超越的な世界であった。

心理療法と信心

円了は彼の心理学の知見を、人間の心の病の治療にも応用した。一九〇四年に刊行の『心理療法』に、その応用心理学の概要が示されている（井上一九九一a）。

人間の病気には、身体的な疾病と、精神的（心的）な疾病の二種類がある、と円了は述べる。このうち、前者は生理学や解剖学上の学理に基づき、現代の医療（医学）が対処すべき病である。他方、後者を治すのに必要なのが、心理療法だ。心理療法には、ことの成り行きをただ天に任せて病の平癒を待つ「自然療法」と、積極的な祈念によって病気の平癒を望む「信仰療法」の二つがある。このうち円了が注目するのは、もちろん信仰療法のほうである。

宗教の源になる信仰には、もともと治療的な要素があると、円了は考える。だが、そこには加持祈禱《かじきとう》への信仰のような、迷信に陥りがちなものも、大昔から多々あった。そこで、哲学や心理学の知見を用いて、今日的な信仰療法のあり方を案出せねばならない。それが、今後の日本で求められる心の病の治療法の一つとなるだろう。円了は、そのように自己の心理療法を構想した。

円了によると、宗教への信仰と強く結びついた心理療法は、「自療法」と「他療法」の二種類に大別できる。自分の力だけで回復するか、他人の手を借りて治療するかの違いだ。僧侶や祈禱師に加持祈禱を頼んで病気を治すのは、他療法である。円了の見るところ、加持祈禱そのものには、実際的な効果は何もない。だが、祈禱を受けた病者が、それにより病気が治ると深く信じれば、一定の治療的な効果がもたらされる。そこには信仰の力が働いていると言える。

他方、自療法には、単純な信仰によるものと、観察や観念によるものの二種類があるとされる。前者は、自身が抱える病について、この病は必ず治ると固く信じる行為である。後者は、自分の心の内側に観念を集中させ、病気への心配は取るに足らないと強く意識し、迷いを断つという方法だ。仏教の坐禅《ざぜん》などの瞑想法が、これに当たるとされる。あるいは、天体の現象や山河の風景を観察し、病への意識を散らすことも、自療法の一種だと述べられる。

　このように、円了はいくつかの分類を設けながら、自身の心理療法について体系的に説明する。その分類の仕方はやや複雑でわかりにくいが、つまるところ、人間の信念が病気を治す、というところに、円了の結論は行きつくのだと言っていい。祈禱の効果を信じて病の治療を促すという、一種のプラシーボ効果にせよ、心の内と外とを問わず何らかの対象に意識を集中させて病気を克服するにせよ、すべては個人の信念の問題に、彼が示す心理療法は帰着するように出来ている。

　したがって、円了の心理療法の体系では、坐禅のような身体的な実践の効果もまた、単に心の問題にのみ還元されてしまう。本書の後の章で述べるとおり、実際に坐禅を行っていた近代の仏教者たちは、坐禅の心理的な意義だけでなく、坐禅が身体にどのような生理的効果を及ぼすのかについても考察した。円了の坐禅に関する説明では、この点がほぼ抜け落ちている。

　円了は、身体的な疾病については現代の医療が専門的に扱うべきだと考えていたので、坐禅も心理的なレベルでのみ問題にしたのは、当然なのかもしれない。だが、そうした心理主義に傾斜した円了による坐禅の扱いには、真宗大谷派の寺院出身という、彼の出自も大きく影響しただろう。「信心」を重視する真宗の伝統には、坐禅のような身体的な実践が乏しい。それゆえ、坐禅という瞑想法が身体にいかなる作用を及ぼすのかが、円了にはよく理解できていなかったのである（野村二〇一三）。

いずれにせよ、個人の信念の問題を重視する円了の心理療法は、究極的には、個人が強い信仰心を確立し、いかなる病にも動揺することのない心の状態を完成することを目的とした。強固な宗教的信念がありさえすれば、「人生にありていかなる病気災難の風波に会するも、一点の迷雲を生ずることなかるべし」というわけだ。そして、個人の確固たる信念の基盤は、仏教でいう「不生不滅の真如、霊妙不測の一心、あるいは光寿無量の覚体」だと円了は述べる。妖怪学とともに円了が構想した、心理療法という応用心理学の最終目標もまた、疑いなく仏教的な悟りの次元にあったのだ。

仏教心理学のねらい

以上の二つの例から、円了にとって心理学とは、最後には宗教的な真理と接続すべきものであったのは、明らかだろう。妖怪学も心理療法も、入り口は心理学的な営みであったとしても、目的地は仏教の核心的な部分にほかならなかった。したがって、円了が講じた心理学は、その表現の仕方は多様であれ、つまるところ、どれも「仏教心理学」であったと理解できる。

円了の初期の心理学書である『心理摘要』(一八八七)にしても、西洋の科学的な心理学を解説しながら、根源的な関心は、あくまでも宗教的な領域にあった。同書では、心のなかに浮かぶ「心象」を、各種のデータにより帰納法的に考察するのが心理学だとしながら、他方で、「心体」という心の本源への言及が、不自然なほどに繰り返される。そして、この「心体」は、後に「真如」という仏教的な真理の世界と同一視されるようになるのだ（井関二〇一七）。円了による心理学の取り組みは、当初から単に近代科学の研究や紹介だけでなく、ある種の宗教的な考究としても行われていたわけである。

一八九七年に刊行の『仏教心理学』では、そうした円了の心理学の特徴が、かなり明瞭に語られる（円了一九九一b）。いわく、「心象」を研究する西洋の心理学は、教育への応用に向いているのに対し、「心体」を研究する仏教心理学は、宗教への応用に適している。両者の性格の違いは、こうした学問の応用範囲の違いに起因するのだと、円了は説明する。つまり、彼が目指す心理学の性格は、宗教への応用という目的によって規定されており、その仏教心理学の学問としての妥当性の基準は、それが宗教の役に立つかどうかにあったのだ。実際、円了は「明治の新空気を呼吸せる仏教僧侶」に、東西の心理学の書物を読み、これを自身の宗教活動に役立てるよう勧めている。

さらに、円了は自己の仏教心理学と西洋の心理学の相違を、次のように整然と解説する。

> 西洋心理は実験上の事実を概括抽象して、その裏面に貫通せる性法を考定せんとし、仏教心理は心理上の作用を説明して、既定の一大真理に悟入する門路を開達せんとす。

円了の仏教心理学には、西洋心理学の知見がちりばめられていた。だが、それらの科学的な知見を取り払ってみれば、その仏教心理学は、近代科学とは本質的に異なる、悟りを目指すための心の探究であったことがわかるだろう。

このように、仏教者である円了の心理学への接近は、どこまでも仏教の真理を確かめるための営みであり、彼にとって心理学は、究極的には、その宗教的な目的を達成するための手段に過ぎなかったと言える。円了は、心理学という西洋由来の新たな学知を応用することで、むしろ、仏教の伝統の核にある超越的な真理を、再確認したかったのだろう。あるいは、仏教の本質を見失った同時代の人々を、心理学という目新しい学問の力を借りて、改めて仏教の真理のほうへと導こうとした。いずれにせよ、仏教者である円了にとって最も重要なのは、人間の心そのものではなく、個々人の心の奥底に広がる、悟りの世界であったのだ。

では、仏教者として心理学に接近した円了とはまったく逆に、心理学者として仏教にアプローチした場合には、どのような世界が見えてくるのだろうか。円了と同じ年に生まれ、ほぼ同時代を生きた心理学者、元良勇次郎の例から考えたい。

3　心理学者の仏教――元良勇次郎

日本初のアカデミック心理学

元良勇次郎（一八五八～一九一二）は、アカデミックな心理学研究を日本に本格的に導入した、最初の人物である（佐藤二〇〇二）。一八八三年から五年にわたるアメリカ留学を経験し、ジョンズ・ホプキンズ大学では心理学者のスタンレー・ホールと共同研究を行った。ホールは、ウィリアム・ジェイムズやヴントに学び、アメリカに心理学の実験室をはじめて設立（一八八三年）した研究者だ。一八八八年、元良はジョンズ・ホプキンズ大学で博士号を取得し、日本に帰国する。

帰国後の元良は、最新の心理学の知見を論文や講義をとおして伝え、一八九三年に（東京）帝国大学に開設された心理学講座の担当教授となる。こうして、専門的な心理学の研究と教育が、日本でも可能になった。一八九〇年、元良は心理学について体系的に記した書物『心理学』（金港堂）を出版している。さらに元良は、一九〇三年、東大に心理学の実験室を設立した。ヴントによるライプチヒ大学での史上初めての実験室の設立から、二四年後のことであった。

元良勇次郎

このように、日本における心理学の第一人者としてのキャリアを歩んだ元良だが、彼の関心は心理学だけに限定されるものではなかった。哲学、倫理、教育や社会問題についても、様々な媒体を通して自らの見解を論じたのだ。特に哲学については、近年、プラグマティズムの日本への紹介者としての元良の重要性が指摘されている（小林二〇一七、菅原二〇一八）。

そして、元良は宗教への関心も高かった。彼は一五歳のときにキリスト教に入信しており、その後、進化論を受容したことでキリスト教に批判的になるも、終生、キリスト教徒としての自意識を保ち続けた。周囲も、彼をキリスト教系の人物として認識していたようだ。

元良は、キリスト教以外の宗教者たちとの交流にも積極的であった。たとえば、真宗僧侶の清沢満之《きよさわまんし》や近角常観《ちかずみじょうかん》らとともに、自らの信仰のあり方を率直に語り合う、「宗教的経験談話会」を開催するなどしている（岩田二〇一四）。また、後述のとおり、寺院への参禅も行っており、鈴木大拙との親交もあった。彼は、キリスト教を信仰しつつ、仏教への知的関心も一定程度はあったものと思われる。

元良勇次郎という、日本初のアカデミックな心理学者は、宗教との密接な関係を持ち続けたわけだ。彼は、宗教をどのように理解し、それとかかわろうとしたのだろうか。

元良勇次郎の宗教観

元良の宗教に関する意見は、基本的に科学者（心理学者）としての立場からの、かなり客観的なものである。自己の信仰に関する発言はあまり見られない。科学者として宗教を冷静に取り扱いつつ、宗教の存在意義や、今後の日本社会での位置づけを、彼は模索していた。

「宗教と云ふものは悲哀の情に基ひて起つて来たものである」と元良は指摘する（「政治と宗教と教育」『日本大家論集』第六巻第九号、一八九四年）。彼はこう述べる。宗教の根本は神だとか来世だとか、世の中には様々な議論がある。だが、心理学の観点から言えば、宗教が生まれる原因は人間の感情であり、とりわけ悲しみの感情から宗教は生まれた。神は、人間の悲しみを慰めるために創造されたのであり、地獄や極楽などの来世への信仰も、この悲しみの感情から起こったものに違いない。

宗教の起源をこう説明した上で、元良は、宗教の必要性について次のように検討する。昨今では、宗教は迷信だから無くしてしまえ、と主張する者がある。だが、科学教育を徹底して、迷信としての宗教を廃絶したいのであれば、宗教の代わりに、人間の心の慰めとなるものを提供する必要がある。「宗教を無くそうとしたならば、其悲哀の情に陥つた時分に之を慰むると云ふ術《すべ》を一つ拵《こしら》へなければならぬ」というわけだ。科学が宗教に代わって、人間の悲しみの感情に適切に対処できる技術を作り上げるべきだろう、と。

元良はさらに考える。確かに、西洋の天文学は仏教の須弥山説を無効にし、宗教家は宇宙の真相を説く立場から退いた。同様に、かつての宗教家は地理学や倫理学も説いたが、これらの学問も、専門的な研究が進むにつれ、宗教家以外の学者たちの説くところとなった。宗教家の仕事はだんだんと奪われていき、彼らがやるべきことは少なくなってきた。

にもかかわらず、宗教は依然として存続している。なぜだろうか。それは、現在の科学では解明しきれない部分が宗教にあり、そして、その部分は人間にとって決して欠かせぬ何かであるからだ。元良は次のように主張する。

今日の所では精神上の事どうしても心理学で以《もつ》てすつかり研究の出来ない所があるどうしても此黒い所がある、黒い点があつてさうしてミスチツクな所があるやうである、その分らない所が人の品性を形造る上に於《おい》て随分影響をして居るのである、それも今の科学で宗教に換る丈のものが出来れば私は捨るに躊躇《ためら》いないのだけれども科学上是に換るものが出来ない間は矢張それがなければならぬかと思ふのであります（「教育と宗教との関係」『社会』第二巻第十号、一九〇〇年）。

人間の心の、心理学では光を当てられない「ミスチックな所」。言い換えれば、神秘的で不可解な部分。それは、個人の人間性を形作る上で非常に重要な部分であり、現状では宗教によってしかアプローチできない。この問題を解決できなければ、科学が宗教にとってかわることはないだろう。元良はそのような考えに基づき、現代社会における宗教の必要性を認めていたのだ。

宗教と国家の関係

とはいえ、宗教の社会的な意義に関する元良の見解は、円了のような仏教者と比較すれば、だいぶ消極的である。たとえば、円了による唯物論への批判書『破唯物論』（一八九八）に対し、元良は懐疑的な書評をものしている（「破唯物論を読む」『哲学雑誌』一三五号、一八九八年）。円了は同書で、宇宙や自然界を物質にのみ還元し、万物に宿るはずの精神性を尊ばない「唯物論」の思潮を批判した。元良は、円了のそうした考えに一定の理解を示し、精神的なものの価値を認めながらも、円了の宗教的な信念には決して同意しなかった。人間の心の不滅性を説く円了を、元良は「意識は個人ありて始めて意識たることを得る」と批判し、科学者としての立場から、個人の一生を超えた心や精神性の存続を否定したのだ。

また、日本国民の気力を高め、国家意識を発揚するためには、「神儒仏」の宗教が不可欠だとする円了の意見にも、元良は反対する。個人の思想的な営みのなかに宗教を用いるのは構わないが、これを「国家進歩の永久の基礎」にするなど、決してありえないのだと。

　国家進歩の永久の基礎は之を想像に求むべからず。細密なる事実の研究に基礎を固め科学的原理を発見し精神活動の法則を定め又精神と天然現象との関係とを明かにし進んで社会進化の法則を明かにし之を以て国家進化永久の基礎たらしめざるべからず。

「神儒仏」のような「想像」は、国力発展のための基礎にはならない。そうではなく、科学によって自然界と人間の心のメカニズムを解き明かすのが大事である。それが元良の考えであった。

円了と元良は、どちらも科学と宗教、それぞれの重要性を疑っていない。この点は、元良よりも強く円了の『破唯物論』に反発した、加藤弘之もまた同じであった（鈴木二〇一二）。しかし、円了が、科学と宗教の融合にきわめて意欲的であり、国家のためにも宗教は絶対必要と信じたのに対し、元良や加藤は、科学に比べれば宗教の出番は限られている、とする立場にあったのだ。

禅の心理学

ここまで見てきたところで、宗教にはあまり期待していないようにも感じられる元良だが、一時期、彼が大きな関心を示した仏教の一形態がある。禅だ。一八九四年一二月、彼は円覚寺の釈宗演のもとで参禅し、公案（禅問答）を体験するなどした。その体験談を一八九五年、雑誌『日本宗教』に「参禅日誌」として発表し、これが話題を呼んだ。なお、大学で元良の講義を聞いた夏目《なつめ》漱石《そうせき》も、元良の後に同寺に参禅している。

明治期には、教育関係者をはじめ数多くの知識人が、円覚寺に参禅した（松本二〇一四）。エリートの精神性を磨くための文化として、参禅に人気が集まっていたのだ。自らの参禅体験を小説『門』に描いた漱石のほかには、哲学者の西田幾多郎《にしだきたろう》などが著名だろう。そうした状況下、元良の参禅は何ら特異なことではないとも言える。ただし、自己の参禅体験を科学的に分析したところに、元良の独創性があった。一八九七年に、「禅と心理学との関係」と題した論文を発表したのだ（元良二〇一四）。

元良はなぜ、禅を心理学の観点から考察したのだろうか。その動機は次のとおりである。

> 私の志望は、元来、心理学上からこれ〔著者注：禅〕を考察して、その原理を発見し、もしも採るべきところがあれば採り、改めるべきところがあれば改めて、世間の人一般の教育に応用しようとすることに他ならない。

禅の心理学の教育への応用、というところに、元良の関心はあったわけだ。先述のとおり、井上円了は西洋心理学と仏教心理学の違いを論じて、前者は教育、後者は宗教に応用できると指摘していた。元良のねらいは、この円了による説明と十分に通じるものがある。

元良によれば、禅とは「宇宙を主観視して、自我の活動を自由活発にさせようとする」ための実践だ。それは、あくまでも人間の心の内側にかかわる営みなので、心理学による分析が可能である。あるいは、その改良案も、心理学の側から提言できるはずだ。

元良はさらに主張する。心理学は欧米で発達したので、西洋の国々の宗教や哲学と密接に結びついてきた。だが、心理学は日本で伝えられてきた儒学や仏教とも、決して無関係ではないだろう。その理由を、彼は次のように指摘する。

人心の構造は、古今東西を問わず大同小異であり、気質、習慣等の些細《ささい》な点に異同を見るだけであり、欧米の心理学で発見された原理はまた、禅の説明にも応用できるのは当然である。

人間の心の構造は、時代や地域によって変わったりはしない。こうした、心のメカニズムの普遍性を前提とする、まさに科学者らしい理解のもと、元良による禅の心理学は遂行されたのだ。

その研究成果の一部は、一九〇五年四月にローマで開催された、第七回万国心理学会での講演「東洋哲学に於ける自我の観念」に示されている。講演原稿が『哲学雑誌』（二二一号、一九〇五）に掲載されたが、その英訳には、当時ヨーロッパに滞在中の鈴木大拙が協力したという。

禅の体験者の心理状態とはいかなるものか。元良はこう解説する。禅の瞑想に入り、それまでの個々の対象に向けられていた心の動きを停止すれば、人間の注意は特定の対象を超えて広がる。すると、「禅に迷と呼ぶ所の凡《すべ》ての個々の表象は識閾《しきいき》直下に沈下」する。個人の心を惑わす様々な雑念が、意識に上らなくなるのだ。と同時に、「心は一般的緊張の状態に保たれ」、外部からの刺激には、その性質に応じて的確に反応できる状態となる。したがって、禅の瞑想中、人間の「心は静平にして而《しか》も動的なり」。

このような元良による禅の心理学は、彼の限られた参禅体験に基づく、印象論的な性格が色濃い。坐禅の実修者に関するデータを数多く収集し分析するような、科学的な研究成果ではないのだ。とはいえ、それは西洋の心理学の知見に基づき、禅の瞑想による心の働きの変化を論じたものとして、先駆的な業績であったのは間違いない。後の章で詳しく述べる、日本の科学者による禅の研究のルーツとして、元良による禅の心理学は重要な位置を占める。

見神の実験をめぐって

禅の心理学は、元良による心理学研究のなかでは、あくまで余技的なものであった。しかし、禅について独自の角度から踏み込むことで、彼は、禅に関する一定の理解を得られた、と考えていたものと思われる。たとえば、ある宗教的な話題について雑誌記者に取材された際、元良は、禅の体験を例に出して応答したりもしている。その宗教的な話題とは、綱島梁川《つなしまりようせん》（一八七三〜一九〇七）による「見神の実験」だ。

キリスト教系の思想家であった綱島は、一九〇四年の夏、「神を見る」という神秘的な体験をする。彼はその体験についての思考を深め、約一年後、雑誌に「余が見神の実験」と題して発表した。「実験」という言葉は、ここでは「体験」といったようなニュアンスだ。そして、その体験談の文章を他の論考とあわせ『病間録』（一九〇五）として刊行すると、すぐに賛否両論の大反響を呼び起こした（松本他一九九五）。

綱島の体験談について、ある者は幻覚や迷信と切り捨て、別の者は詩的な感想だと評した。

一方で、綱島の文章に宗教的な真理の鮮烈な表現を見て、彼に心酔する読者も数多く出現する。綱島による「見神の実験」は、明治後期の社会現象の一種となったのだ。

そして、元良もまた、この「見神の実験」に関する自説を述べている。『早稲田文学』の記者からの取材に答えたものだ（元良一九〇七）。元良は、まず、この体験を錯覚や幻覚と断じる立場を退け、それは本人の「精神上宗教的の状態」を表現したもので、他人が非難するのは筋違いだと論じる。また、こうした体験は誰にでも容易に出来るものではないと留保しつつも、「私は見神の実験に対しては、格別にどうとも思ひません、他にも例の有る事、又有り得べきことゝ思ふのです」として、その体験の普遍性を指摘する。

さらに、元良は「見神の実験」を、禅の悟りとの比較で次のように説明する。

禅は小悟と大悟とあつて、小悟積んで大悟が来ると云ふのです、大悟も、一度では無く、大悟が、幾度も繰り返されて、遂には徹底すると言ひますが、綱島さんのは、大悟と云ふよりも一種の経験である、が、其《そ》れが記憶に残つて、夫《そ》れを縁に進んで行く善影響を残すことになるでありましやう。此《こ》の点に於ては両者同一の心理によるのであらうかと思ひます。

禅の悟りには大小があり、小さな悟りの積み重ねが、やがて大きな悟りに至る。綱島の経験もまた、それと同じだろう。神を思いながら生きる小さな経験の蓄積が、遂には「見神」のような大きな体験へとつながったのだ。そう論じる元良は、綱島の「宗教心」の深さに感心し、彼の「平生の修養」の厚みを高く評価した。

ただし、ここでの元良の関心は、綱島の「宗教心」そのものにあったわけではない。あくまでも人間に普遍的に起こりうる心理現象として、元良は綱島の「見神」を評した。禅と比較しているからといって、宗教に固有の問題を論じているわけではないのだ。実際、別のところで元良は、「見神の実験」を、禅よりも非宗教的な事例と比較しながら解説している。

それは、日露戦争中の海軍の体験だ（元良一九〇六）。元良は論じる。日本海軍は、なぜ、ロシアとの大決戦で勝利を収められたのか。兵士たちの、戦争に向けた日頃の練習があったからに違いない。その想像を絶する努力は、当事者も不思議と思うほどの大成功につながり、人々はこれを「天祐《てんゆう》」と呼んだ。だが、こうした体験は、条件が整いさえすれば、誰にでも訪れうるはずのものである。

要は只《ただ》熱心に或事《あること》を思念して、数年間も之に尽力すれば、所謂《いわゆる》一旦豁然《かつぜん》として貫通すといふ妙境に臻《いた》る者であつて、之は禅に所謂大悟といふやうな事に限らず、海軍の天祐とか、見神の実験とかいふ事にも限らず、凡て吾々《われわれ》が事業に成功するといふのも、秘訣《ひけつ》は此処《ここ》に在るのである。

心を一つの物事に集中させて継続される日々の努力が、大きな成功につながる、という意味では、戦争の勝利も、禅の悟りも、「見神の実験」も、みな同じである。そのように述べる元良は、仏教やキリスト教といった宗教の固有性を相対化し、それぞれの宗教体験の特別さを、人間の心のメカニズムの一種に還元した、と言えるだろう。心理学者としての元良にとって、各宗教が伝統的に築き上げてきた信仰の特色や細かな違いは、さほど重要なものではなかったようだ。

4　宗教体験のとらえ方

信仰のための宗教体験

宗教体験とは、本来、それぞれの宗教の価値を再認識し、信仰を深めるための契機である。宗教体験が心理学的な分析の対象となるのは、当然のことながら、近代以降の新たな展開だ。したがって、綱島による神秘体験の語りも、特定の宗教伝統の信奉者にとっては、自らの信仰の意義や本質を確かめるための機縁として受け止められる。真宗僧侶の近角常観（一八七〇～一九四二）の例を見てみよう。

近角は、「見神」はもとより信仰の世界には存在するのであり、これを科学的に否定したところで、当の信仰は決して左右されない、と述べる。また、「見神」はキリスト教だけでなく仏教にも多く、たとえば経典に描かれる仏の光明は、比喩《ひゆ》ではなく、「観法《かんぽう》（心のなかで仏を観る瞑想法）」によって目前に体験される事実だと主張する。その上で、自らの体験の意義を強調し過ぎる綱島に対し、近角はやや批判的な評価を下す。

綱島氏の信仰の十分ならざるは、見神の実験を以て、殆んど信仰上の重要なるかに考ふることなり。例せば親鸞聖人《しんらんしょうにん》の如きは、斯の如きは一向珍らしからざるものとして排し、真実の信仰状態とは認めざりき、其の主旨何ぞや、物を目に見るは信仰の要点にあらず、唯だ之れ手段なり、階梯《かいてい》なり、之によりて開かれたる絶対の心の真境涯をこそ、始めて真信仰の境涯と云ふべきものなればなり（近角一九〇六）。

体験が宗教にとって大事なのは、それが宗教の絶対的な真理へと心を開くための「手段」になるからだ。よって、「見神」の体験そのものが目的であるかのような綱島の態度は、信仰者として不十分である。近角は、綱島へのこうした批判的な評価を示す際、自己が信奉する真宗の開祖である、親鸞の考えを持ち出す。それは、仏教者としての自己と、キリスト教者としての綱島、それぞれの宗教的な立場の違いを、より鮮明にするためだろう。

とはいえ、近角は、綱島とは決して相容《あいい》れないと考えていたわけでは、まったくない。近角もまた、綱島と同様に、人間が神仏と直接的に出会う体験を、非常に重視した宗教者であったのだ（碧海二〇一四）。両者には思想的に通じる部分があり、実際、綱島が近角に宛てた手紙からは、綱島が近角の宗教への向き合い方に、大いに敬意を抱いていたことがわかる（岩田二〇一九）。近角の側も、「見神の実験」の発表からそう間もなく死んだ綱島の信仰心を、最終的には高く評価した。仏教とキリスト教で、信じる宗教は異なるが、両者は互いの宗教観に、明らかに通底するものを感じ取っていたように思える。

したがって、「見神の実験」への近角の批判は、宗教体験のとらえ方に関する、綱島との微妙な違いから生じた、と考えるべきだろう。綱島の宗教体験そのものの価値は確かだが、その先に待つより深い信仰の世界へと近づこうとする意欲の不足に対して、近角は綱島に苦言を呈したのである。両者の相違は、自己が信じる宗教の真理にどうアプローチするかにあり、信仰者である自己のもとに訪れる宗教体験の特別さについては、どちらも信じて疑わなかった。

それに対して、「見神」を非宗教の領域にも通じる心理現象の一種と見た元良勇次郎は、綱島とも近角とも、かなり異質の存在であった。宗教体験を特定の信仰の問題と結びつけず、人類普遍の心の働きとしてのみ客観的に論じようとする彼の姿勢は、西洋の心理学が日本にもたらした、きわめて新しいスタイルなのである。

ジェイムズの宗教心理学

ただし、心理学者による宗教へのアプローチも多様である。元良のように、やや冷めた態度を示す者だけでなく、宗教的な心理や体験に多大な関心を抱き、重厚な研究成果を残す心理学者たちも、なかにはいるのだ（島薗・西平二〇〇一）。

ウィリアム・ジェイムズ（一八四二～一九一〇）は、その筆頭に挙げられるべき人物だろう。彼は、近代の心理学が、心のありようを個人の意識という狭い範囲でとらえ、身体や、さらには無意識とのつながりを見るのを回避する傾向があるのに、不満を感じた。それゆえジェイムズは、宗教体験という、表層的な意識の問題では片付かない人間の魂の根源にかかわる事象を、心理学的に考察したのである（リード二〇〇〇）。

一九〇一～〇二年、ジェイムズは大著『宗教的経験の諸相』を刊行する（ジェイムズ一九六九、一九七〇）。井上円了が仏教心理学を構想し、元良が禅の心理学に手を着けていた頃と、ほぼ同時代のことだ。同書は、宗教体験を科学的に分析した最初期の本にして、いまだ読み継がれる古典的な作品である。

「宗教は、合理的あるいは論理的に他の何ものからも演繹《えんえき》できない魅力を人生にそえるものである」。こうした発言に示されるように、ジェイムズは心理学者でありながら、科学的な説明だけでは把握しきれない宗教の価値を十分に感じていた。宗教は、神学者であれば神の恩寵《おんちょう》として語るが、生理学者であれば身体の働きから説明するだろうと述べるように、ジェイムズは、宗教の科学的な研究については否定しない。自身も、心理学者として宗教を論じた。しかし、その科学的な研究を、他の何ものからも得られない、宗教に固有の魅力の再評価へとつなげていくところに、ジェイムズの心理学の特徴があった。

宗教体験とはいかなる心理現象か。それを解明するため、ジェイムズは膨大な量の宗教体験の語りをデータに用い、その内実を多角的に考察する。彼が特に注目したのは、いわゆる回心《かいしん》の体験だ。それまで当人の人生のなかで周辺的な位置にあった宗教が、彼や彼女の意識の中心を占めるようになり、その生き方に多大な影響を与えるようになる回心の体験とは、いったい何なのか。宗教体験を通じて、個人が抱える罪の意識や負の感情が一転し、希望の念や安心の感情が爆発的に湧き起こるその心のメカニズムについて、ジェイムズは自らの見解を鮮やかに示した。

さらに、ジェイムズは神秘体験（神秘主義）の説明にも、多くの言葉を費やしている。合理的な意識の持ちようを超えて、個人にその絶対性を痛感させる神秘体験の構造を、人間の特殊な意識の状態として詳しく検討したのだ。

潜在意識と宗教

こうしたジェイムズの宗教体験の心理学は、理論的には、フレデリック・マイヤーズ（一八四三〜一九〇一）の「潜在意識」仮説に、かなり依拠したかたちで進められた。潜在意識、あるいは「識閾下に存在する意識」について、ジェイムズは次のように論述する。

通常の中心と周辺《へり》とをもった普通の場の意識ばかりでなく、さらにその上に、周辺《へり》の外に、第一次的意識のまったく外にありはするけれども、しかし一種の意識的事実の部類に入れなければならず、その存在を間違いようのないしるしによって示すことのできるようなものが、一群の記憶、思想、感情の形で、付加的に存在している、（後略）

ジェイムズによれば、神の恩寵がもたらす奇跡のような強烈な宗教体験は、こうした潜在意識の領域から、当人の表面的な意識を超えて到来するものだ。潜在意識は、「科学がその存在を承認しはじめてはいるが実際にはまだほとんど知られていない」とはいえ、宗教体験の謎を解くうえで、最も有望な仮説だとジェイムズは考えた。

人間が神との出会いを体験し、信仰に生きるようになるとき、ふつう、神は自己の外側からやってきて、自己の存在を覆い、その生活を支配するものと想像される。だが、潜在意識説から宗教心理を論じるジェイムズの見るところ、神はむしろ、自己の内側からやってくるはずのものなのだ。

宗教的生活においては、この支配は「より高い」ものと感ぜられるが、しかし、私たちの仮説によれば、支配しつつあるのは、もともと、私たち自身の精神のなかに隠れているより高い能力なのであるから、私たちを超越する力との合一の感じは、けっして単に見かけだけでなく文字どおり真実な或《あ》るものの感じなのである。

宗教体験を得た人間は、なぜ、その超越的な感覚を真実だと思うようになるのか。それは、その超越性が自己の外部ではなく、内部から生起しているからだ。自分の外側からもたらされる何かではなく、もともと自分のなかにあった力だからこそ、人は、そこに自分にとっての確かさを認められるのである。

このようなジェイムズの見解は、宗教体験を普遍的な心のメカニズムとして説明するという意味では、ごく科学的な性格を有する。この点では、元良の考え方とも重なる。他方で、心がその深層にある隠れた能力によって、神のような超越的な存在を生み出すという理解は、通常の心理学の領域を超え出たものと言える。このあたりは、むしろ円了のような宗教者による心のとらえ方と、少なからず近似したところがある。ジェイムズの、神すらも創造する潜在意識への信念は、ほとんど信仰心めいているのだ。

実際、ジェイムズが依拠したマイヤーズの潜在意識説は、もともと、マイヤーズが人間の魂の「死後存続」に関する研究を深めるなか生まれた発想であり、それは、個体を超えた霊的な次元を探るための仮説の一つであった（津城二〇〇七）。ジェイムズ自身も、死後の世界に強い関心を抱き、霊的な次元を科学的に証明できれば、キリスト教に代わる宗教的回心の可能性が開かれると考えていたようだ（吉永一九九〇）。

宗教的な心理や体験を科学するため、人間の心の奥底をのぞき込もうとする試みは、ときにそれ自体が宗教的な探究に似てくる。ジェイムズによる宗教体験の心理学は、そうした科学と宗教の連続性を示唆する重要な事例である。

催眠術への注目

ジェイムズは、宗教とは別のかたちで、潜在意識へ直接的に働きかける手段についても述べていた。それは、催眠術である。「催眠術の場合は、私たち自身が私たちの暗示によって原因を創り出す」というわけで、宗教とは異なり、当事者が自覚的に潜在意識を操作する方法として、ジェイムズは催眠術に注目したのだ。

そして、催眠術については、円了も元良も注目していた。円了は、自己の心理療法の体系のなかに、宗教をもとにした信仰療法と並べて、西洋から輸入された催眠術を位置付けた。一方、先述のとおり元良は、人間の悲哀の感情を慰める技術が開発されない限り、科学は宗教に完全に取って代わることはない、と述べていた。その際に彼は、「催眠術が発達して、催眠術で之を慰むると云ふ様なことになれば大発明でありませう」というように、催眠術が宗教に代替する可能性があると指摘している（ただし、催眠術は「今日の所ではまだ其処までは発達して居りませぬ」と元良は留保する）。

すなわち、円了や元良が活躍した明治期には、宗教と科学の交差するようなところに、催眠術が置かれていたのである。そして、催眠術はやがて、従来にない新しいかたちの宗教的な実践を生み出しもすれば、既存の宗教に新たな活力を与えたりもする。元良の期待に反し、催眠術は宗教に取って代わる科学的な技法になるどころか、逆に、宗教を活性化する触媒となったわけである。

さらに皮肉なことに、催眠術の研究の果てに宗教的な覚醒《かくせい》へと至った人物の一人、福来友吉は、元良の直弟子にあたる心理学者であった。

第二章　催眠術と仏教

1　科学と宗教のあいだ

明治の催眠術ブーム

かつて、催眠術が日本で大流行した時代があった。明治のとりわけ後期である。特殊な技法によって、人間を眠ったような状態にし、本人の意思とは関係のない行動をとらせる。あるいは、相手の心や身体を操作する。他人を、あたかも自分の思いのままに操れるかのような、魅惑的なテクニックである催眠術が、明治期の多くの日本人の心をつかんだのだ。そこには、一般庶民から権威ある大学の研究者まで、幅広い層が含まれる。

近代日本の催眠術ブームについては、近代文学研究者の一柳廣孝《いちやなぎひろたか》によって詳細な検証がなされている（一柳一九九七）。また、宗教学者の吉永進一《よしながしんいち》が、このブームに関連する主要な著作を復刻し、研究を進めた（吉永二〇〇四、二〇〇六）。これらの研究が示唆するとおり、催眠術の大流行は、科学と宗教が交差する、日本史上の興味深い現象の一つであった。

催眠術は明治初期に日本に紹介され、明治二〇年頃までには世間的にもよく知られるようになる。西洋諸国への留学生や、お雇い外国人らが日本にもたらしたようだ。明治二〇年以降、催眠術は小説のなかに出てきたり、演芸場で奇術や見世物の一種として披露されたりした。また、一部の学者や知識人の関心も集めるようになる。

井上円了は、催眠術への学問的なアプローチを試みた、最初期の人物の一人であった。一八八八年、自らが運営する哲学館で催眠術の実験を行い、その成果を「治療法ノ新発明」などの文章を通して発表している。そして、後に自身が構想した心理療法の一要素として、催眠術を組み込んだのだ。この円了の取り組みからわかるように、催眠術は、一部では病気の治療への応用のために、近代の日本社会に受け入れられていった。

明治二〇年代の末までに、催眠術への世間の関心はいったん衰えるも、世紀転換期の明治三〇年代後半にはブームが再来。これは空前絶後の流行となり、数多くの関連書が刊行された。とくにアカデミズムからの研究としては、本章で後に詳しく述べる、心理学者の福来友吉の業績が重要だろう。催眠術をテーマにした博士論文を東京帝国大学に提出し、これを大著『催眠心理学』（一九〇六）として出版した。福来の指導教官であった元良勇次郎も、催眠術には大いに関心を抱いていた。

こうした明治期の催眠術ブームは、一九〇八年を境として、徐々に退潮する。同年、「濫《みだり》に催眠術施したる者は三〇日以下の拘留に処す」という、警察犯処罰令が出されたからだ。催眠術を悪用した猥雑《わいざつ》な罪を犯す者が多発したことなどが、背景にはあった。その後も、民間療法の実践者や、在野の研究者らが引き続き催眠術を評価し活用したが、公的な研究機関や制度的な医療現場では、催眠術は次第に姿を消していく。

催眠術としての加持祈禱

以上のとおり概観した催眠術ブームのなかで、催眠術はしばしば宗教と関連付けて語られた。特に目立つのが、加持祈禱《かじきとう》は日本に昔からある催眠術の一種だ、という見立てである。たとえば、催眠術の概説書として広く読まれた近藤嘉三『心理応用 魔術と催眠術』（一八九二）では、人間の「精神作用を休止せしめ一種の困睡状となす」ための術として、加持祈禱への言及がある。加持祈禱は、仏教伝来の時代から長らく行われてきており、催眠術ともよく似ている、と指摘されるのだ。なお、同書には「附録」資料として、役行者《えんのぎょうじゃ》や弘法《こうぼう》大師（空海《くうかい》）、安倍晴明《あべのせいめい》や日蓮《にちれん》などの「先達」による「術」の事例が掲載されている。

また、医師の富永勇による著書『感応術及催眠術秘訣』（一九〇三）でも、催眠術によって引き起こされるのと同様の効果が、加持祈禱にも認められると論じられる。同書によれば、加持祈禱には、それに向き合う人間の意志を、無自覚のうちに奮起させる効力がある。それゆえ、加持祈禱の効能は、そこで信仰される「御本尊の神仏」の力ではなく、むしろ当の人間の、本人も気づかぬ意志の力に由来するのだという。

あるいは、農学校の講師で日本弘道会（西村茂樹《にしむらしげき》が創立した道徳教育の団体）の幹部でもあった村上辰五郎は、『最新式 実験催眠術講義』（一九一二）で催眠術の歴史を語る際、次のように述べている。

日本に於《おい》ても名ある宗教家は此《この》術〔催眠術〕を応用したものらしい。催眠術といふ名はなかつたが、宗教上の信力であるとなせるもので、その実催眠作用であつたのが少なくなかつたことと思ふ。近くに於ても、自ら催眠術であるを知らずして、そして催眠術を応用して居る宗教大家も往々ある。

催眠術の大流行をうけ、それまで宗教家たちが行ってきた加持祈禱などの活動が、催眠術の一種として定義し直されたわけだ。宗教はふつう「信力」に基づくと思われているが、実は「催眠作用」による場合が多い、といった村上の指摘から、ここでは宗教や信仰に固有の価値が、少なからず相対化されていると言っていい。

他方で、宗教を催眠術の観点からとらえ直すことで、逆に宗教の価値を高く見積もる者もいた。先に挙げた近藤嘉三の別の著作『催眠術独習』（一九〇四）には、「宗教的治病法」と題した章がある。そこでは、宗教による病気直しの方法は古くからあるが、その「効果の著しきことなどは、到底《とて》も今日の催眠術など丶は同日の論ではない」と主張される。宗教者に対する信者らの絶大な信頼感に基づくその術は、「他に比類すへきものは無い」であろうと。ただし、と近藤は付言する。昨今では科学の発達によって加持祈禱などの宗教活動は迷信扱いされ、排斥される傾向にある。それでも、宗教者たちが自らの信念を強固に保てば、祈禱の効果は確かなはずだが、惜しむべきことに、必ずしもそうなっていない。「僧侶等の脳中にも最早之《もはやこれ》を信ずるものが極めて稀《ま》れに成りたる為《ため》に、祈禱の効力が薄らぎ行く事は蓋《けだ》し免れ得ざる所である」。科学的な考え方が普及する時代に、宗教の存在意義を減退させているのは、むしろ宗教者たち自身なのではないか。近藤は、そのような鋭い疑念を投げかけたのだ。

霊術家の出現

近藤のように既存の宗教を催眠術で説明するだけでなく、そこからさらに進んで、催眠術の応用により、従来にない新しい宗教的な実践を開拓する者もいた。著名な霊術家（宗教的な技法によって民衆の病気治しなどを行う活動家）である桑原俊郎《くわばらとしろう》（一八七三～一九〇六）は、その代表的な存在の一人である（井村一九九六）。

静岡師範学校の教師であった桑原は、前述の近藤著『魔術と催眠術』を読んで感動し、家の女中を実験台にして、催眠術の研究に熱中するようになる。ある日、催眠術によって眠らせた女中に、勤め先の同僚教師のところに行ってこいと命令すると、彼女は、その教師が今何をしているか、詳しく話すのであった。翌日、桑原がメモを片手に同僚へ昨日の状況を尋ねると、驚くべきことに、女中の話した内容とぴったり一致した――。

人間の心と身体は切り離すことができ、遠隔地の出来事を見通す「神通力」をときに発揮しうる。右の体験から、桑原はそう確信するに至った。さらに彼は、人間の心にそなわったエネルギーが、周囲ないしは遠方の物体や身体に変化を及ぼすこともある、と信じるようになる。人間の観念に、物理的な力を認めたわけだ。

桑原が生きた時代も現在も、心理学では通常、催眠術は「暗示」による、と理解される。術者が催眠状態の被術者に言葉による暗示を与えれば、相手の心や身体を操作できる、という説明だ。だが、桑原はこの暗示説を退け、術者の観念が、言葉などによる媒介を経ずとも、被術者の心身を直接的に変化させる、と考えた。かくして、桑原は通常の催眠術の枠組みを抜け出し、常識を超えた宗教的な信念を有する霊術家へと転身するのだ。

一九〇三年、桑原は『精神霊動』を刊行し、賛否両論の大きな反響を巻き起こす。また、「精神研究会」を設立し、自己の信念に基づく治病と、自説の宣布活動を推進した。全国から彼のもとに弟子入りを志願する者も多数やってきた。その弟子たちによって、桑原の霊術は彼の死後も継承されていく。

きわめて興味深いことに、桑原は、真宗僧侶《そうりょ》で仏教思想家の清沢満之に、一定の影響を受けていた。清沢は、晩年に「精神主義」と呼ばれる新しい仏教思想を唱え、弟子とともに一九〇一年から雑誌『精神界』を発行し、やはり賛否両論を呼ぶ。桑原は、この『精神界』の購読者であったのだ。

清沢の思想は、人間の内面的な信仰の確立に主眼があり（安冨二〇一二）、桑原のような、個人の観念そのものが自己の外部に物理的な力を及ぼしうる、といった考え方とは、だいぶ異質である。とはいえ、両者は人間の「精神」に強くこだわる点で共通しており、個人の心の問題に真剣に向き合う新たな思想運動を切り開いた、という意味でも近しい。催眠術に触発された桑原の宗教的な活動は、近代の仏教思想とも地続きだったわけである。

2　仏教者の催眠術

密教と催眠術

催眠術から仏教をはじめとする宗教に接近する者がいるのであれば、反対に、仏教のほうから催眠術を取り込もうとする者がいても、何ら不思議ではないだろう。実際、仏教界からは催眠術について語り、その可能性を問う人々が、宗派を問わず出現するのだ。

すでに見たとおり、加持祈禱は昔からある催眠術の一種だ、とする論者が複数いた。それでは、日本の仏教界で加持祈禱を最も得意とする、密教系の僧侶は、催眠術をどうとらえたのか。真言宗の僧侶である鷲尾諦仁《わしのおたいにん》の例を引いてみよう（鷲尾一九〇五）。

鷲尾は、催眠術とは、真言密教がこれまで伝えてきた「神仏即座感応術」の一種にほかならない、と主張する。したがって、真言宗僧侶からすれば、催眠術など何も珍しくない。西洋の科学では、催眠術の原理を十分に説明できていないようだが、「真言では既に久しく東洋に説明され尽されて居る」。この点に関しては、西洋科学よりも東洋（日本）の宗教（仏教）のほうが優れている、というわけだ。

鷲尾は、催眠術のメカニズムを次のように説明する。人間が催眠状態にあるとき、被術者の知覚神経と意識はともに完全に休息している。だが、術者からの「心力作用」を受信した被術者は、術者の意図したとおりに行動する。なぜか。それは、術者からの心力作用を、被術者が知覚神経や意識ではなく、「末那識《まなしき》」や「阿頼耶識《あらやしき》」（いずれも仏教が想定する、通常の意識の深層にある別の意識）で受信しているからだ。医者や生理学者たちは、人間の意識を、すぐに脳の働きと結びつけて考える。だが、意識に関するそうした表面的な理解では、催眠術は十分に説明できない。末那識や阿頼耶識の存在を考慮してこそ、催眠術の仕組みは明らかになるのだ。

このように述べた上で、鷲尾はさらに、仏教者が「自己催眠」の一種である「定《じょう》」（高度な精神統一の状態）に入れば、普通の人間には不可能な力も体得できるという。

天眼通を以《もっ》て過去現在未来の三世を観破し得るのみならず／水を観念すれば、実際に水を現じ（実際の物となる已下《いか》同じ）、火を観念すれば実際に火を現じ、米菓を観念すれば米菓を現じ、砂石を金玉と観念すれば金玉を現ずるに至るのである催眠術によって常識を超えた能力が開発され、観念が物質的な力を発揮する、というこの鷲尾の発想は、先に見た霊術家の桑原の考えとも通じる。ただし、桑原が催眠術の実験の果てに宗教的な気づきを得たのに対し、鷲尾のほうは、こうした超能力は真言密教のなかに昔からある、特に不可思議ではない現象だ、と断言する。その目新しさから世間の注目を集めた催眠術だが、真言宗僧侶の鷲尾から見れば、それは密教の伝統に古くから含まれる要素の一つに過ぎなかった。

実際、鷲尾の著書は、催眠術を入り口にしつつ、全体としては真言密教の意義を説くことが真の目的であったように思える。たとえば、著書の終盤では、催眠術の練習ではなく、真言密教の瞑想法《めいそう》（阿字観《あじかん》など）によって術者の能力を磨くための方法が指南される。そして、「理論に至りては今の催眠術の説明は殆んど採るに足らない」ので、読者は密教の極意を学び、「信力の養生」に努めよ、と結論づけられる。

先述のとおり、催眠術の側から宗教を論じる者たちは、宗教者はそれと知らず催眠術を用いてきた、と指摘する。これに対し、仏教の側から催眠術を論じた鷲尾は、仏教（密教）には催眠術では説明しきれぬ領域があると明言し、宗教に固有の価値を守ろうとしたのだ。

禅と催眠術① 科学者の視点

次に、禅と催眠術の関係を確かめてみよう。催眠術の科学的研究を推進し、東京で催眠治療を開業した小野福平《おのふくへい》の『小野催眠学』（一九〇九）には、「催眠ト坐禅」と題した章がある。そこでは、小野が元良勇次郎のもとを訪れ、禅と催眠術の関係について議論した内容が記されている。

元良は小野に、禅と催眠術はまるで異質のものだと述べたという。「座禅の精神生活は円満的にして表裏一貫せる活動あるも催眠の精神生活は局部的にして与へられたる暗示の外何等《なんら》活動を為さず又活動を為す場合に於ても判断識別等の能力を欠如す」るから、というのがその理由だ。坐禅《ざぜん》によって深まる個人の意識の状態は、判断力を失い暗示のままに動かされる催眠状態とは、まったく異なるだろうと。

小野は、こうした元良の見解に真っ向から反対する。異論は、催眠状態の性格に関する理解の、元良との相違に基づく。小野は、催眠状態では必ずしも意思や判断力が欠如するのではなく、逆に、通常の覚醒《かくせい》時よりも意思の働きが高まっている、と考える。確かに、催眠術にかかった者は、「枕を示して猫なりと言ふも彼れは其れを疑はずして直ちに実物と認むる」。いかにも、注意力が散漫で、総合的な判断力を失い、暗示のままに活動しているように見えるだろう。

だが、これは見方を変えれば、心の局部的な活動が、最大限に発揮されうる状態でもあるのだ。小野は論じる。

催眠者が不合理なる暗示に感応するは畢竟《ひっきょう》するに注意の集中容易にして而《しか》も之れが強大なるが故なり、若《も》し催眠者にして一定の思慮を抱きて其状態に入る時は他より暗示を与へざると雖其観念は突如として湧出し之に要する叡智《えいち》作用は寧《むし》ろ醒覚時に勝るを毎とす

催眠術によって、人間は日常的な意識を超えた集中力を獲得できる。目の前の「枕」を「猫」だと本気で信じ込めるのは、そうした強靭《きょうじん》な集中力があるからだ。そのように考える小野は、坐禅の「定」による集中力の高まりは、催眠状態とまったく一致すると断言する。坐禅と催眠術で、得られる効果は同等なのではないかと。

よって、小野は参禅家たちにこう提言する。

郷等は無我を欲せんとして焦慮するも一年二年にして到低其目的を果すこと能はず斯《かか》る迂遠《うえん》なる手段を取るよりも寧ろ催眠術を利用して直ちに無我に入るを最も捷径《しょうけい》なりとす。徒《いたずら》に時間と脳を労費すればとて帰する所は同一なり

何年もかけて坐禅を行うのは時間の無駄であり、催眠術によって一挙に「無我」の悟りに到

達せよ、というわけだ。ここでは、坐禅と催眠術の機能が、ほぼ同一視されている。

前章で述べたとおり、元良勇次郎は心理学の観点から、禅の体験に人間の普遍的な心理の働きを読み取ろうとした。それと同じように、小野は坐禅と催眠術がそれぞれ導く意識の状態を、科学的な観点から重ね合わせたのだ。元良と小野は、催眠にかかった人間の意識をどう評価するかで意見が分かれた。だが、禅を宗教に固有の文脈から外して、その効果を科学的に考えるという方向性では、両者は完全に一致していた。

禅と催眠術② 禅僧の視点

では、禅僧の側は催眠術をどう見たか。曹洞《そうとう》宗僧侶で禅学者の岡田《おかだ》摘翠《てきすい》(宜法《ぎほう》)による『禅と催眠術』を参照しよう(岡田一九〇九)。

岡田は、苦悶《くもん》する現代人への「治療術」として、宗教では禅、学術では催眠術が有効だと述べる。両者は、「迷へる人間の提灯」であり、あるいは「救済の光明」になるだろう、と。したがって、その二つの「光明」の内実を詳しく述べる必要がある、と彼は宣言する。

ただし、岡田は先の小野とは異なり、禅と催眠術の働きを同じものとは考えない。なぜなら、「催眠術は、人を『酔』の状態に誘ふものと仮定すれば、坐禅法は人を『醒』の状態に導かんとするものである」からだ。催眠術は「脳貧血」を起こすが、禅は必ずしもそうではない、とも彼は指摘する。催眠術と坐禅では、人体に起きる生理的な変化が異なる、というわけだ。

また、当事者の自発性の有無に関しては、両者は対照的であるとも論じられる。

催眠術では、被術者は、凡《すべ》て施術者の云ふがまゝに工夫を与へらるゝ、否《い》な工夫は全くない、只《ただ》施術者の暗示に左右せられて居るのみで、決して自発的には何等の作用もない、然《しか》るに坐禅には、万事万端が自発的である、大精進の念を懐《いだ》いて、自ら工夫三昧に入るのである。

このように、岡田は催眠術と禅の違いを明瞭《めいりょう》に示しており、この辺は、元良勇次郎の見方と近い。とはいえ、禅と催眠術は「心理的には、多少似て居る点」があり、また「高尚と、卑近との区別は兎《と》も角《かく》として、互《たがい》に人々を利益すると云ふ傾向が類して居る」ので、両者を比較研究するのに不都合はない、と岡田は述べる。

そして、病の治療においては、両者は互いに補い合うはずだ、と彼は考える。催眠術は、神経病はもちろんのこと、便秘や頭痛から、不眠症や呼吸困難まで、「精神作用から生じた病気や、生理状態から来る病症は、凡て十中の八九迄《まで》は治療することが出来る」。一方、禅には催眠術のような治療効果はないが、「けれども精神病の根底をなす病源には、好個の治療術である」。すなわち、人間の悩み苦しみの根源にある、個々人の「無明《むみょう》（無智《むち》）」を禅は打ち破り、安定した精神作用（安心）を、永久に持続させてくれるのだ。かくして、催眠術と禅は、治療の範囲をすみわけながら、人類をあらゆる病から解放してくれるに違いない。岡田はそう信じた。
最後に岡田は、身体の疲労や心の不安に満ちた現代人を念頭に、催眠術と禅の未来への壮大なビジョンを語る。

彼等〔人類〕の前に崇拝せらるべき神は、即《すなわ》ち催眠学者と禅僧とであらう、彼等の崇むる仏は、即ち催眠学者と、禅者であらう、彼等が中心から尊敬し帰向するの余り、自己をも忘れて、不惜身命《ふしやくしんみよう》に信頼する者は、催眠学者と禅者であらう、此に於てか、催眠学者と、禅者は、最も神聖に、最も真面目に、之を利用し、之を統一して、一世を神の世とし、仏国浄土とするのは、決して不可能のことではあるまい

読んでのとおり、ほぼ誇大妄想である。だが、当時の日本社会で、催眠術の効果への期待が、いかに高かったのかを示唆する記述として興味深い。そうした期待感に、岡田の禅僧としてのプライドと、禅という宗教への確固とした信仰心が組み合わさった、実に興味深い妄想だ。

ある浄土宗僧侶の悩み

仏教の側から催眠術に接近した人物として、最後に、浄土宗僧侶の笹本戒浄《ささもとかいじよう》（一八七四〜一

九三七）を取り上げる。催眠術と仏教、そして科学の関係を考える上で、笹本はかなり重要な存在である。彼は、僧侶としての研鑽《けんさん》を積みながら、元良勇次郎のもとで心理学の研究を行い、卒業論文を書き、その後に催眠術を自ら行うようになるからだ。笹本の経歴を少し見ておこう（大橋一九六〇、八木二〇〇〇）。

一八七四年、彼は東京の浅草《あさくさ》で、貿易商の父の三男として生まれた。母は、浅草寺《せんそうじ》の観音の熱心な信者であった。八歳のとき、近所の寺院住職の紹介で、鎌倉大仏殿の浄土僧、樹下信戒の養子となる。一九歳のとき、増上寺《ぞうじょうじ》で法脈を授かり、浄土宗教師の資格を取得した。その後、金沢《かなざわ》の第四高等学校に入学し、一九〇二年に卒業。同年、東京帝国大学に入学し、元良に師事して心理学を専攻する。

東大に在学中、横浜《よこはま》の慶雲寺《けいうんじ》の住職になり、同寺の笹本良侃《りようかん》に養子縁組を変え、笹本姓を名乗るようになった。そして一九〇六年七月、卒論「成唯識論の心理説」を提出し、東大を卒業する。この論文は、唯識の思想を心理学的に考察したものだ。同年八月、笹本は宗教大学（後の大正大学）で、唯識学と心理学を教授し、一九一四年三月までそこに在籍した。

笹本は、なぜ心理学を学ぼうと思ったのだろうか。その大きな理由の一つは、青年時代の彼が、浄土教の信仰に対する強い懐疑の念に襲われていたからだ。若き僧侶であった笹本は、各種の科学や、さらには仏典に関する学術的な研究までもが、極楽浄土への信仰を破壊しつつあるのを、目の当たりにする。そこから、彼の深刻な悩みが生まれた。

例へば天文学の一端を修めましても、西方《さいほう》極楽と言ふ事が甚だ訳の分らない事となります。又、精神病学とか心理学などの一端を習ひましても、所謂《いわゆる》三昧の境界が病的現象ではないかと言ふ様な考へも起る事であります。又、近頃、仏典に関して所謂史的研究自由討究をせらるゝ諸学者は殆《ほとん》ど皆《み》な、大乗の経典は釈尊のお説き遊ばされた処《ところ》でなきやと申され、殊にその大乗経典の一種にして、我が宗で権威と仰いで居る『三部経』の如きは、是れまた仏説にあらずして、仏教小説に過ぎない、と言ふ様に申して居られる学者が多いのであります（笹本一九三〇）。

西洋の天文学は仏教の世界観を否定し、医学や心理学は、仏教の三昧《さんまい》（深い精神集中の状態）を精神病扱いする。そして、近代的な仏教（仏典）研究が、浄土教も含めた大乗仏教のテキストを、釈迦が唱えた教えではなく、後世の創作（「仏教小説」）だと結論づけるようになった（本書の序章で述べた「大乗非仏説」の問題）。かくして近代の様々な科学的見解が、浄土教を理性的には信じがたいものにしていく。そうしたなか、若い頃の笹本は「十一年間程、殆どお念仏の出来ない時代もあつた」という。

笹本が東大で心理学を研究し、卒業後に大学講師として心理学を講じていたのは、まさに、この浄土教への懐疑と苦悶《くもん》の時期である。彼は、仏教への信仰を壊しかねない心理学に、あえて正面から挑むことで、自らの悩み苦しみから脱却する術《すべ》を探っていたのだろうと思われる。とはいえ、苦悩の時期はだいぶ長く続いた。

笹本がこうした苦悩の時期を脱せられたのは、一つには、山崎弁栄《やまざきべんねい》（一八五九～一九二〇）との出会いがある。弁栄は、近代浄土宗のカリスマ的な僧侶だが、独自の修行実践と理論形成の果てに、宗派の伝統から飛躍して、「光明主義」という新たな運動を展開した人物だ（河波一九九二）。一九一三年、笹本が四〇歳のとき、彼は弁栄に直接会い、その威厳と宗教性に打たれて、即座に帰依した。以後、笹本は光明主義の徒として念仏の伝道にひたすら努め、一九三七年七月に六四歳で逝去する。

浄土教と催眠術

だが、笹本による浄土教への懐疑心の克服は、弁栄との出会いだけで達成されたのでは、おそらくない。弁栄との出会いの少し前から、笹本は浄土教の意義を再発見しているからだ。そして、その再発見を彼にもたらしたのは、催眠術にほかならなかった。

「心理学上の念仏三昧」（笹本一九〇九）で彼は、浄土教の信仰対象である阿弥陀仏《あみだぶつ》について語る。いわく、阿弥陀仏は「大定と大智と大悲」を兼ね備えた存在ゆえに、世界のありとあらゆる場所を見通し、全人類の声を聞き取り、分け隔てなく救いの手を差し伸べてくれる、と浄土教では説明される。そして、こうした阿弥陀仏の特殊能力は、「幻覚」や「虚構」ではなく、まったくの「事実」なのだと笹本は述べる。
その根拠として彼が持ち出すのが、催眠術である。笹本は、イギリスのある学者による報告書に言及し、催眠術にかかった一人の女性が、遥《はる》か遠くにあるその学者の家のなかの出来事について、詳細に話せたのだと言う。そして、これは「催眠術を施されて即ち催眠状態に入れば某一処に居ながら能《よ》く十方遠近の実境を見ることの可能を示す」例だと指摘し、同様の現象が確認された別の事例も紹介する。さらに、自分もまたある子どもを催眠状態に入れて実験すると、やはり同じような実例が得られたと述べる。その上で、これら催眠による特殊能力の発現は、仏教の「定」から得られる能力に等しいのだと主張する。
笹本によれば、阿弥陀仏の超常的な力もまた、阿弥陀仏が大いなる「定」を得た結果であるのは間違いない。

嗚呼《ああ》悦《よろこ》ばしきかな、十劫《こう》の昔大円覚現成し即ち大定と大智と大悲と円満具足せさせたまひて西方に在《ま》します慈父阿弥陀神は実に十方を徹見し透聞したまひて吾等尼入道無智の仏子いづこの隅いづくの辺に在りて念仏すと雖《いえど》も必ず其の声を聞きもらさず摂取して捨てさせたまはざるなり。

浄土教が伝統的に説いてきた、阿弥陀仏による救済の確かさを、笹本は、催眠術の実験結果をもとに「事実」であると論じたのだ。

さらに、続く「三昧畧説」（笹本一九一〇）で彼は、「三昧」をテーマに、仏教と催眠術の関係を再び語る。三昧はサマーディ（samādhi）の音写で、瞑想により精神集中が高まりきった状態だ。「定」とほぼ同じ意味である。

笹本は、釈迦であれ浄土教の高僧たちであれ、偉大な仏教者たちは皆、それぞれ三昧を経験してきた、と述べる。また、三昧状態のなか「身心軽安」となり、「五神通」（五つの超能力）を獲得してきたとする。そして、こうした心と身体の良好な状態や、特殊な能力は、催眠術により達成されるものと同じである、と彼は自説を繰り返す。ここで笹本は、後述する福来友吉が研究した御船千鶴子《みふねちづこ》の例を挙げる。御船は、催眠術により「千里眼（透視）」の能力を得たとされる女性だ。「千里眼」で世に知られた彼女は、笹本の目には、仏教の瞑想者と同じ能力を持つ人物に見えていた。

しかし、と続けて笹本は注意を促す。人間は催眠術により三昧の状態には入れるが、これだけでは「大悟徹底」には到達できず、仏教の悟りには近づけていない。催眠術によって得られる特殊な意識や能力は、あくまでも、仏教が伝えるより深い心の状態への前段階である。仏教の悟りに到達するには、そうした催眠状態の意識からは自由にならねばならない。なぜなら、催眠中の人は「自他の名言に示唆」されないと能力を存分に発揮できず、それは言語を超えた悟りの境地とは、ほど遠いからである。

こうした笹本の議論は、すでに見てきた他の仏教者による催眠術の評価の仕方と、おおよそ共通すると言えるだろう。彼らは皆、催眠術と仏教を部分的に重ね合わせることで、仏教の有効性を、科学的な観点から補強した。と同時に、催眠術では決して実現されない次元が仏教にはあると信じ、科学的な見解には還元できない仏教の存在意義を、改めて強調したのだ。

仏教者たちにとって催眠術は、究極的には、仏教の価値を再発見するための手段であった。これは、前章で論じた井上円了にとって、心理学が仏教の真理に至るための方法の一つであったのと、ほぼ同様である。他方で、彼らが催眠術や心理学にアプローチする必要性を強く感じたのは、それらが近代科学の枠組みで正当化されていたからだろう。円了にせよ笹本にせよ、明治期に先進的な意識を持ちえた仏教者たちは、仏教を正当化するためにこそ、近代科学を援用したのだ。

そして、明治期における催眠術の科学的な研究の中心にいたのが、福来友吉であった。笹本が催眠術を積極的に採り入れたのも、おそらく、大学の先輩である福来が催眠術研究に打ち込んでいたからである。

3　催眠術から宗教へ——福来友吉

透視と念写

福来友吉（一八六九～一九五二）は、心理学者としての生涯を歩み続けるはずであった。元良勇次郎の弟子として研究に励み、東京帝国大学の助教授の地位にまで上り詰め、学者として前途洋々のように思えた。だが、催眠術を自己の研究テーマに選んだがゆえに、やがて、当時の心理学者としての常識を踏み外した領野へと突き進んでいく。そして、遂《つい》には東大から追放され、その後は、神秘的な世界の探究者のような存在へと転身した。福来は、催眠術への接近をきっかけとして、科学と宗教の交わるところを歩んだ人物の、筆頭に挙げられるべき存在だろう（一柳一九九四、中沢一九八六）。

東大で催眠術の実験に取り組むなか、福来は、不思議な出来事に遭遇する。催眠中の人間が、福来の机の上に置かれた学術書の、何ページに何が書かれているのかを、言い当てることができたのだ。教育程度の低い被験者は、その学術書を読んだはずがなく、読んでも理解できないと思われるのにもかかわらず。こうした経験から、彼は、西洋の学者たちが本のなかで触れている透視の能力が、実際にあるのではないか、と考えるようになる。

福来友吉

そこに、催眠術によって「千里眼」の能力に目覚めたという、御船千鶴子という女性の話が伝わってきた。彼女は、自分の近くに置かれた書物の中身どころか、遠く離れた場所の状況をも正確に見通せるのだという。福来は当初、この情報について半信半疑だった。

しかし、一九一〇年二月に試してみた実験の結果、福来は御船の能力に驚嘆し、きちんと研究するに値すると判断する。そして、同じく御船の能力に注目した京都帝国大学医科大学教授の今村新吉《いまむらしんきち》らと共同で、御船を被験者とする、透視の実験を進めるようになった。東京で公開実験が行われた際には、福来の師である元良もこれに参加した。また、一連の実験や御船の存在は、マスコミで大きく報道され、「千里眼」は一種の社会現象となる。

これを契機として、ほかにも透視の能力者たちが続々と出現する。その一人が、長尾《ながお》郁子《いくこ》だ。遊び半分で透視を試みているうちに、実際に出来るようになったという。福来は長尾のもとを訪れ実験を行うが、この際、長尾にそなわった「観念の作用」は、透視だけでなく、「念写」にも使えることを発見する。彼女には、自分の頭のなかに思い浮かべたものを、直接的に写真乾板に写せる力がある、という気づきを福来は得るのだ。その後、彼は透視に加え念写の研究にも、のめり込んでいく。

だが、透視も念写もただのペテンではないか、という疑問を投げかける人々の声が、次第に大きくなる。福来への個人攻撃も見られた。そうしたなか、一九一一年の一月には御船千鶴子が自殺し、翌月には長尾郁子が病死する。透視や念写の真偽を判定するための能力者が不在となったため、学者や世間の関心は急速に冷めていく。さらに、東大のなかにも福来の活動をよく思わない者たちが、少なからずいた。

一九一三年、福来は新たな能力者に高橋貞子《たかはしさだこ》を得て、著書『透視と念写』を刊行するも、同年一〇月、大学から休職を命じられる。この時、師匠の元良はすでにこの世を去っていた。とはいえ、元良は存命中、福来に対し「君の今の研究は、心理学者に同情がない」と語り、大学から離れるよう勧めていたという。一九一五年一〇月、福来の休職期間は満期となるが、翌月、彼は東大を退職した。

超能力の獲得

一九一六年、福来は『心霊の現象』を出版し、それまでの念写研究に加え、人間の霊魂や「観念力」についての自身の見解を提示した。その後、福来は伝統仏教にかなり入れ込むようになる。とりわけ、真言密教への強い共感を持つようになった。高野山《こうやさん》の奥の院にこもったり、四国遍路に取り組んだりするなど、修行にも励んだ。

高野山での修行の目的は、自身が超能力を獲得するためであった。自ら透視や念写ができるようになるのを、彼は望んだのだ。同時に、仏教の極意を学びたいとも思っていた。

修行中のある日のこと、福来が不動明王像の前に坐《すわ》り瞑想していると、「宇宙の大霊」あるいは「大生命」が、身体の内部へと入り込んでくる体験をする。彼は、その霊的な力がみなぎる状態の高揚感のもと、高野山を下った。それから大阪に向かった福来は、背中に腫《は》れ物のある老人に出会う。福来が、右手で腫れ物を撫《な》でてみると、直ちにそれが治った。さらに、腰痛に苦しむ別の男についても、患部を撫でると同じく痛みが引いた。かくして超常的な治癒能力を身に付けた福来だが、日がたつにつれ、能力は次第に失われていったという。

こうして一時的とはいえ超能力の獲得に成功した福来は、その力を自分に与えてくれた真言密教をはじめとする仏教に、ますます傾倒するようになる。一方、一九二一年には真言宗が経営する私立宣真高等女学校の初代校長に迎えられ、一九二六年には高野山大学の教授に就任する。同大学の教授時代にまとめた大著『心霊と神秘世界』（一九三二）は、真言密教を理論的なバックボーンとした、心霊現象と神秘主義の体系的な解説書といった趣だ。

また、一九三〇年三月、福来は、京都市外の嵯峨《さが》公会堂で、「弘法大師の御霊影」を念写する実験を行った（山本一九八一）。念写に挑戦したのは、福来とともに月の裏側の模様の念写にも成功したと伝わる、三田光一《みたこういち》である。空海のように写真を残さず死んだ人の姿を念写できれば、心霊の実在は確実に証明できるだろう、という意図があったのだと、福来は説明する。実験の結果、空海が四九歳の「弘仁十三年七月十五日から百ケ日間御修法の時の御姿」が、見事に写真にあらわれた、とされる。

念写などの超能力の研究にひたすら熱意を注ぐ一方、空海が大成した真言密教の奥義にも親しんだ福来にとって、この「弘法大師の御霊影」は、彼の後半生を象徴するようなイメージとして結実したように思える。

福来友吉の宗教論

福来が宗教に深入りするようになったのは、東大を追われた後である。ただし、大学院で催眠術の研究に専心していた頃から、彼の宗教への関心は高かった。たとえば、真宗大谷派の元僧侶の伊藤証信《いとうしょうしん》（一八七六～一九六三）が主宰した雑誌『無我の愛』に、「宗教的安心の特質」「救済に当与なし」（いずれも一九〇五年）といった題目のエッセイを寄稿し、宗教的な信念を持ちながら生きることの大切さを説くなどしている。

東大から博士号を授与された一九〇六年、福来が『中央公論』（二〇五号）に寄せた「聖者を論ず」は、この時点での彼の宗教観がよくわかる、力のこもった論文だ。福来は論じる。西洋から「物質的文明」が輸入され、「物質的科学」が開かれた現在、自然界は人知の支配下に入りつつある。人々は宇宙の様々な力を利用して、「無上完全の幸福」を手にしようとしている。そうしたなか、「安心立命」のような考えは旧弊のごとく見なされつつある。

だが、人間には「物質的文明の果実」のほかに、必ず「精神的文明の果実」が必要だ。そして、その精神の果実のうち、最も滋味に富んでいるのは、「往生の実験」や「見性の実験」や「見神の実験」である。あるいは、これらの宗教体験の根底にある、「実在の感証」だ。福来は、この世界に存在するすべての宗教は、この「実在」を自らの心身で確かに感じ取るためにある、と考えた。

福来は続けてこう述べる。生命は進化の過程で、複数の感覚器官を獲得し、経験できる世界の幅を広げてきた。「進化とは狭き世界より広き世界に移り行くこととして定義」できるだろうと。そして、生命のなかで最も広い世界にアクセスできるようになった人間は、キリスト教や禅や浄土教などの諸宗教から、無上の生命力としての「実在」の経験を得られるのだ。

こうした東大時代の福来の宗教論には、宗教への熱い共感を読み取れこそすれ、特定の宗教へのこだわりは感じられない。この時点の福来は、個別の宗教へは肩入れせず、宗教一般の意義や機能について考えていたようだ。

ただし、一九〇八年に日本弘道会の雑誌『弘道』へ寄せた論考「精神の力」には、福来の仏教へのやや好意的な評価が見える。個人の精神力を養う方法を三つ挙げ、それは「坐禅」と「精神力強き人に就くこと」および「高山大川を跋渉《ばっしょう》して自然に親しむこと」だと指摘したのだ。このうち坐禅については、「精神力の実現を妨害する所の無明的雑念を払ひ去りて無念無想の状態に入る」ための優れた手法だと説明される。この辺は、禅を研究した元良の影響があったかもしれない。

また、『現代名家 禅学評論』（一九〇八）に掲載の「定に関する心理的所感」でも、福来は、禅が可能にする「定」や「有無の差別を離れた」境地を、催眠状態と比較しながら論じている。

こうした東大時代の福来の、心理学的な観点からの議論は、高野山での修行の経験を経て、抜本的に再編成される。大正期の後半に、真言宗の専門誌『六大新報』に彼が寄せた文章（「死後生活の信仰」「生命主義の神秘境へ」など）には、いずれも神秘的な世界への確信と、仏教への強い期待が明瞭に示されるのだ。

超能力・霊魂不滅・仏教

福来の仏教を中心とする宗教思想は、『心霊と神秘世界』で集大成的に論じられる（福来一九三二）。彼の見るところ、大乗仏教とりわけ真言密教は、霊の真実の徹底的な把握に成功してきた。仏教の行者たちは、瞑想を深めることで「神秘境」に入り、「霊の実在」を直覚し、その結果、「神通の不思議業―今日の心霊現象―を自在に発現したものと信ぜられる」。優れた仏教者は、神通の使い手すなわち超能力者にほかならない、と福来は理解したのだ。

よって、『法華経《ほけきよう》』などの大乗経典は、福来にとっては何よりも、神通のことを詳しく記した書物であった。特に『華厳経』、『大日経』、『金剛頂経』に至っては、「始めから終りまで、神通のことばかりを書き列《つ》らねたと言つても宜い位である」。それゆえ、「仏から神通を除いては仏の資格が無くなり、大乗経典から神通を省いては大乗経典としての真髄を失ふことになる」。

だが、仏教を哲学的にとらえようとする僧侶によって、こうした仏教の神通としての本質が見失われてきた。福来はそう考える。とりわけ、近年の仏教学者たちには理知的な傾向が強く、そのせいで、仏教における神通の意義が大きく損なわれているのではないか。

現代は科学万能の時代である。仏教学者も科学思想に支配せられ、之と矛盾するものを迷信と思つて居る。だから科学と矛盾する神通を彼等が信じ得よう筈《はず》がない。仏典中に神通のことが記載されてあつても、彼等は唯仏の徳を讃美《さんび》する形容にすぎぬものとしてそれを省き、科学と矛盾せざる部分のみを抽《ぬ》き出し、それを仏教だと言つて宣説するのである。斯《か》くして宣説される仏教は科学万能の現代人には能く解るであらうけれど、吾人から見ると魂の抜けた仏教である。

科学的な知見に傾いた仏教理解は、仏典に記述される神秘的な力から目を背けている。そうした仏教理解から導かれるのは、「魂の抜けた仏教」に過ぎない。そう述べる福来の、現代仏教への批判的な認識には、とらえようでは、同時代の多くの僧侶よりもむしろ真摯《しんし》な、仏教への向き合い方が感じられもする。

福来の考えでは、すべての人間存在の根元には「菩提心《ぼだいしん》の本能的要求」があり、不変の真理を求めて生きる意欲が我々にはある。仏教は、そうした人間の意欲を満たすために存続してきた。そして、人間が自らの煩悩を払い、自己の内なる仏性《ぶつしょう》（仏としての本質）を見極めれば、この世界に間断なく働く「仏性の神通力」の活動に気づける。自己と世界を成り立たせている神秘的な力の存在を、人は確かに実感できるのだ。

福来は自説をさらに展開する。釈迦の説いた仏教は元来、生死の問題を無明（無智）に基づく妄想として否定し、自己の生命への執着を捨てるべきとしてきた。自我が死後どうなるのかについても、問題にしてこなかった。だが、大乗仏教では無数の仏菩薩《ぼさつ》や、仏菩薩が建立した様々な浄土の実在が説かれており、「仏教は一般に霊魂の不滅を認めて居る」。ただし、ここでいう霊魂は、個人の人格や個性の死後の存続ではなく、当人の仏性のみが永久に生き続けるという意味で、これは、一般的な意味での霊魂不滅ではない。

それに対し、と福来は論じる。空海が選んだ真言密教の思想では、「命我」すなわち個人の人格的性質もまた、死後に生き続けるとされる。修行によって発揮される仏性と、それぞれの人間の個性は、「不二体」としてともに永続するのだ。こうした空海による真言密教の思想こそ、自身の考えに最も一致するのだと、福来は語る。

> 大乗仏教によりて長い間、否定された命我の自性が、大師〔空海〕によりて恢復《かいふく》せられ、従つて原始人の信仰して居た霊魂不滅の思想も復活するやうになつた。而して大師の滅後、千余年の今日、吾等が心霊研究の立場から、之を学的に証明しようと努力して居るのは、如何《いか》にも奇縁である。

このように、福来は超能力や霊魂の死後存続をめぐる自らの研究を、独自の視点から真言密教と結び合わせ、伝統的な仏教思想に新たな光を当てたのだ。

オカルト科学と宗教

高野山大学教授として、こうした仏教論を繰り広げていた福来は、一見すると、真言密教の熱心な信者のように見える。とはいえ、彼が真言密教への信仰心を持っていたかというと、微妙なところがある。

福来の実家は代々にわたり浄土真宗で、墓も真宗寺院にあった。福来自身は、「家は真宗だが、超心理については真言宗が最も多くの説明原理を含んでいる」と語っていたらしい（中沢一九八六）。つまり、彼は真言密教を、あくまでも神秘世界を探究するための理論として用いたのである。その探究の過程で、彼が高野山での密教的な修行にまで及んだとしても、それは、彼の研究を進める上でのアプローチの一つにとどまった。

この点では、催眠術を援用した仏教者たちとの相違が際立つと言える。仏教者たちは、福来をはじめとする研究者らによって、科学的な枠組みで説明された催眠術を、仏教の擁護のために取り入れた。他方で彼らは、科学に還元できない宗教の思想や実践の意義を強調した。それに対し、福来が仏教に入れ込んだのは、自らの科学的な研究——それがどれだけオカルトめいたものであったとしても——を推進するためには、宗教が伝統的に蓄積してきた思想や実践に依拠するのが、とても有効なように思えたからであった。

一方で、福来のアプローチは、他の多くの催眠術研究者によるそれとも異質である。催眠術研究の視点から宗教を説明しようとした者たちは、加持祈禱や禅などの効果は、科学的に見れば催眠状態がもたらすそれと変わらない、と分析した。彼らは、宗教を科学の枠内に封じ込めようとしたわけだ。それに対し、福来が真言密教の研究に力を込めたのは、自身の構想する新たな科学のために、宗教が多くの知恵や学識を提供してくれるからであった。

催眠術の研究の延長で、福来は従来にはないタイプの、科学と宗教のあいだの世界を開拓した。これは、歴史的にどのような位置づけが可能だろうか。

4　「術」の世界

催眠術の神秘性

催眠術が科学と宗教のあいだを媒介するような存在になったのは、ある意味で必然である。催眠術は、そもそも、神秘性の色濃い世界観を基盤にして生まれたからだ（エレンベルガー一九八〇、シェルトーク&ソシュール一九八七）。

知られるとおり、催眠術のルーツは、一八世紀のウィーンやパリで活躍した医師フランツ・アントン・メスメル（一七三四〜一八一五）による「動物磁気」の発見にある。メスメルは、ある患者の治療中に次のような気付きを得る。この世界には、いたるところに磁気を帯びた流体が存在しており、人体の内部にも通うこの流体の流れが滞ったとき、人は病気になる——。

メスメルは、この磁気を帯びた流体を「動物磁気」と名付けた（「動物」は犬や猫のことではなく、「生命体」もしくは「生命力」のようなニュアンス）。そして、磁石を用いて患者の体内の「動物磁気」の状態を改善する、新たな治療法を開発したのだ。

催眠術は、このメスメルの治療法から分岐するかたちで誕生する。後世の者たちは、メスメルの治療法が成功するのは、患者の体内の「動物磁気」の操作ゆえではないと考えた。そうではなく、治療に用いられる磁石などの器具が、患者の集中力を高め、それにより医師から受け取った暗示の効果がよく発揮されるからだ、と理解したのである。治療の効果は、あくまでも心理的な作用に基づくとしたわけだ。そして、一九世紀の半ばになり、イギリスの医師ジェイムズ・ブレイドが、脳生理学の立場から、この種の状態を「催眠（hypnotism）」と名付けた。

かくして、メスメルの「動物磁気」説は退けられ、生理学や心理学による説明が適当な催眠（術）が市民権を得ていく。宇宙に遍《あまね》く拡がり人体も貫く流体というような、宗教的な信念と紙一重の発想から脱却したことで、催眠術はかたちを整えられたのだ。

しかし、催眠術はその受容者たちによって、自らの起源としてある神秘的な世界観を、再び活性化させられてきた。明治後期から大正期の日本には、そうした事例が散見される。先述のとおり、桑原俊郎は催眠術を試みたことで、人間の観念が持つ物理的な力を発見し、霊術家へと転身する。また、催眠術に接近した仏教者たちは、催眠術には宗教的な実践と重なる部分があると主張した。そして福来友吉は、催眠術の研究の果てに、神秘的な世界の科学者へと変貌《へんぼう》していくのである。

明治期に輸入された催眠術は、近代日本の新たな呪術《じゅじゅつ》の一種と化した（吉永二〇一九）。近代的な医療や科学技術の外側で、人間の心身を操作するための神秘的な「術」を生み出したのだ。他方で、既存の宗教を読み替え再評価するためのツールとしても、催眠術は機能する。さらには、科学と宗教を融合させるような福来の挑戦の起点にも、催眠術が存在したのだ。

第2の近代化

宗教社会学者の西山茂《にしやましげる》は、明治後期から大正期にかけて見られた、催眠術ブームや霊術家の台頭をはじめとする神秘や呪術の隆盛を、「第2の近代化」として位置付けた（西山一九八八）。明治初年以降、西洋からの科学技術の導入、殖産興業、都市化の進展などの「第1の近代化」を遂げた後の日本に、そうした合理的な近代化への反動として、「非合理の復権」をモチーフとする新たなタイプの近代化が到来した、という見立てである。

かなり妥当に思える見解であり、本章でこれまで見てきた、催眠術が巻き起こした諸現象の広がりと照らし合わせても、腑《ふ》に落ちる説明である。ただし、西山の指摘する「非合理の復権」という点については、もう少し緻密《ちみつ》な議論が必要だろう。「第2の近代化」の当事者のなかには、科学的な観点から評価された催眠術を援用して、自らの信念の正当化を試みる僧侶たちがいれば、福来のように、自分の行っている神秘主義的な研究を、合理的な近代科学の延長でとらえる人物もいたからだ。

福来は、東大で心理学を研究していた頃から、超能力や心霊現象の探究者として生きる時期まで、ほぼ変わることなく、科学的なスタンスを崩そうとしなかった。たとえば、一九〇四年の「催眠術と医業の区別に就ての討論」(『催眠術及ズッゲスチオン論集下巻』所収)にある加持祈禱に関するコメントは、彼の科学的な態度の厳格さをよく物語る。

福来は論じる。仮にいま、加持祈禱によって病気を治す人物がおり、彼は迷信によって愚民を欺いたという理由で訴えられたとしよう。この場合に裁判官が、神仏は万能なので、加持祈禱の効果は確実であり、被告人の行為は迷信ではなく、したがって無罪である、としたならば、これは危険極まりない。それに対し、もし裁判官が「被告の加持祈禱が果して能く病を治癒し得るや否やを実験的に調査し、而して其の実際上疾病治癒に効あることを発見」したとする。その上で、神仏の万能性や、加持祈禱との関係については不明であるにせよ、とにかく、加持祈禱による治療は効果的なので、被告人は無罪である、と裁判官が判決したならば、こちらは信頼に値する。

加持祈禱のように、一般的には迷信扱いされがちな現象も、ほんとうに迷信かどうか、それは「実験」「調査」してみなければ、真実はわからない。むしろ、科学的な検証を行った結果、実際に効果が確かめられる可能性もあるだろう。そうではなく、加持祈禱の効果をやみくもに信じるのも、逆に最初から迷信として一蹴《いっしゅう》するのも、どちらも科学的なスタンスではない、というわけだ。

こうした態度が、福来の言動にはおおよそ一貫している。各種の超能力にせよ、死後の霊魂の存続にせよ、はたまた「弘法大師の御霊影」の念写にせよ、それが科学的に実証可能か否かに、彼はひたすらこだわった。神秘や呪術の世界を、単にそのまま受容するのではなく、実験によって科学的な認識へと変えようとした点に、福来の真骨頂があったのだ（鎌田二〇一四）。

福来のこうした態度は、「非合理の復権」であると同時に、いわば「合理の徹底」でもある。神秘や呪術と科学とが、分かちがたく結びついているのだ。宗教が提供してくれる神秘的な世界は、むしろ、科学をさらに発展させるためにこそ必要とされた。

呪術・科学・宗教

人類学者のスタンレー・タンバイアが巧みに整理したとおり、近代社会とは、呪術と科学と宗教が、互いに区別され、ときに対立しながら、共立する世界である（タンバイア一九九六）。近代以前には、宗教的な世界観が疑いようのない前提としてあり、その上で呪術と科学（医学など）の区別はあった。ところが、一六世紀から一七世紀に発生した宗教改革（プロテスタント改革）と科学革命の結果、「呪術・科学・宗教」の構図が一変する。

科学は、宗教的な世界観から自立して、この世界を説明し技術的に操作するための、最も強力なシステムとなった。一方、宗教は『聖書』などに説かれる至高の神に関する教えと、個々人の内面的な信仰の問題となり、科学とすみわけるようになる。そして、呪術は超自然的な力を操作して何らかの目的を達成しようとする非合理的な行為として、科学からも宗教からも差別され、否定的なものとして位置づけられるようになったのだ。

この近代以降の「呪術・科学・宗教」に関する説明は、あくまでも西洋社会をモデルとした図式だ。非西洋社会には、必ずしもぴったりとは当てはまらない。とはいえ、西洋モデルの近代化を進めた日本にも、一定程度の応用が可能である。特に、西洋文明を規範とした知識人や、近代的な教養を身に付けた宗教者について論じる場合には、この図式に基づく説明は十分に妥当だろう。

たとえば、本章で取り上げた浄土宗僧侶の笹本戒浄は、西洋の天文学や心理学が、極楽浄土を迷信扱いし、阿弥陀如来の超常的な能力を「幻覚」や「虚構」とするのに苦悩した。自らの信じる浄土教は、非合理的な「呪術」の一種に過ぎないのだろうか、と疑ったのだ。しかし、催眠術の知見を得たことで、彼は浄土教の伝えるところは「科学」と矛盾しないと考えるようになった。のみならず、仏教の真の悟りは「科学」では接近不可能な次元にあるとし、「宗教」に固有の領域を守護したのだ。

他方、福来友吉は、催眠術の研究を進めるなか、念写などの超能力や心霊現象の研究などにも深入りしていった。これは、見方によっては非合理的な「呪術」への没入であり、実際、彼はアカデミズムの中枢からは異端者として放逐される。だが、これらの研究はすべて、福来にとっては「科学」であった。さらに、東大を追われた後の福来は、真言密教の修行と理論を取り入れるようになる。これも、その他大勢の科学者たちの目には、「呪術」や「宗教」への埋没と映っただろう。だが、福来にとって、それは「科学」と「宗教」を統合するための、新たな挑戦だったに違いない。

このように、「非合理の復権」がなされる「第2の近代化」の時代とは、近代化の過程でいったんは互いに分離する方向に向かった「呪術・科学・宗教」の三者が、改めて複雑にからみ合うようになる、宗教史上の一つの画期なのである。その時代のはじまりに、催眠という、神秘的な世界観をもとに生まれ科学的にも評価された「術」が一世を風靡《ふうび》したのは、ほとんど必然だっただろう。

加えて、「第2の近代化」を代表する科学者の一人である福来が、真言密教に強く共感した点も、ある意味では必然であった。密教こそ、合理性が尊ばれた「第1の近代化」の過程で、最も窮地に立たされた仏教の一形態だからだ。日本の近代化の質的な移り変わりと、密教の評価の変遷は、歴史上、明らかな呼応関係にある。

第三章　密教の科学

1　祈禱の受難

科学と宗教のすみわけ

近代科学に対して仏教がどう反応するか。その反応の仕方は、宗派ごとに微妙に異なる。当事者がどの宗派の仏教に深く関与しているかによって、科学への対応方法も変わってくるのだ。近代科学の到来は、日本仏教の各宗派それぞれの特徴を、より際立たせもしたわけである。

たとえば、近代日本仏教の最大勢力である浄土真宗（大谷派や本願寺派）の場合はどうか。真宗の教えの核心は、阿弥陀如来を信じる人間は死後に極楽浄土に往生する、という考えだ。これは、一見すると非科学的な発想のように思える。実際、真宗と同じく浄土への往生を説く浄土宗の僧侶《そうりょ》、笹本戒浄が、浄土信仰は科学に反するのではないかと疑いはじめ、青年時代に苦しんでいた件については、前章で検討したとおりである。

しかし、来世の存在は、科学的には肯定も否定もできない。よって、個人が心のなかで来世での救済を信じながら、現世では科学の考え方に従いつつ生きるのに、何の矛盾もない。近代日本を代表する真宗僧侶の一人である島地《しまじ》黙雷《もくらい》（一八三八〜一九一一）は、こうした近代社会における真宗信徒としての生き方を、最も早く示した人物だ（クレーマー二〇二〇）。島地は、物質的ないしは外的な世界の説明は科学に任せ、宗教は精神的もしくは内的な世界で人々を導けばよい、という立場を率先して提示した。そして、彼に続く真宗僧侶たちの多くも、おおむね同じ立場を採用し、科学と宗教のすみわけによる共存を目指したのだ。

それに対して、浄土信仰と近代科学の対立に悩んだ笹本は、宗教と科学の接続にこだわり過ぎたがゆえに、その不可能さに直面して苦悶《くもん》するに至ったケースと言えるだろう。もっとも、彼もまた催眠術研究の知見を援用しながら浄土教を正当化しつつ、一方で宗教と科学の差別化をはかることで、自己の抱える悩みから脱したのは、先述のとおりである。

加持祈禱をめぐる問題

では、その宗派の教えの核心が、来世ではなく現世にある場合はどうだろうか。さらに、内面ではなく外面的な世界に働きかけるのが、その宗派の主眼である場合はどうか。当然、近代科学とすみわけるのが難しくなり、真宗をはじめとする浄土系の宗派ほど話が簡単ではなくなる。そして、真言宗などの密教系の宗派は、まさにそのような、来世の問題にも人間の内面の領域にも収まらない実践を、伝統的に大事にしてきた宗派である。

密教系の宗派は、加持祈禱《かじきとう》を重んじる。祈禱儀礼なくして日本の密教は成り立たない。明治期のある真言宗僧侶は、「真言宗は縦から見ても横から見ても祈禱宗」と言い切っている（幽芳「戦争と祈禱」『六大新報』四七号、一九〇四年）。だが、この祈禱ほど近代科学との矛盾をきたしやすい宗教実践は、なかなか無い。古代から祈禱は、たとえば天候の操作（雨乞いなど）や個人の病気治療のために用いられてきた。これらは、物理学の知識や近代的な医療の方法とは、どうしても対立せざるをえない。

実際、西洋からの近代医学の輸入を推進した明治政府は、加持祈禱によって医業を妨げるのを禁ずる通達を何度か出している。また、仏教を合理的にとらえ直すことで、近代社会での仏教の復興を目指した青年仏教者たちも、まずもって祈禱儀礼を迷信として批判した（碧海二〇〇九）。祈禱に抜きがたくそなわった呪術《じゆじゆつ》的な性格は、近代の科学的な世界観と避けがたく対立することとなったのだ。自らの信仰を科学とは別の領域に位置付け、宗教と科学の対立を回避した浄土真宗との相違が際立つところである。科学の移入を受けた日本仏教の近代化は、宗派ごとの命運を分けたといえる（廣澤二〇一四）。

祈禱の再評価

とはいえ、近代以降に祈禱が一貫して否定的に評価されてきたわけでは、まったくない。時代や社会状況によって、祈禱はかなり肯定的に扱われもした。それが最も顕著なのは、戦時下である。日清《にっしん》戦争を皮切りとして、日本が対外戦争をする際には、僧侶による戦争祈願としての祈禱儀礼に、大きな支持が集まったのだ（江島二〇一六）。

あるいは、催眠術が大人気となり、「千里眼」や「神通力」への注目が高まった神秘や呪術の隆盛期にも、密教の加持祈禱に迷信批判とは異なる新たな光が当てられた。この点については前章で述べたとおりである。神秘的な世界への関心が、福来友吉のような一流の科学者の人生を変えるほどに広がった時代に、真言密教の僧侶たちもまた、自分たちが伝えてきた祈禱儀礼への自信を取り戻したのである（阿部二〇一二）。

ただし、こうした戦時下や神秘の流行のもとでの祈禱の再評価は、あくまでも一時的なものである。仏教の近代化を目指す人々のあいだでは、祈禱への疑念は持続的に繰り返された。特に、基本的に祈禱儀礼を行わない真宗の関係者らは、仏教の祈禱からの脱却を声高に主張し、これに対し真言宗の僧侶が反発する事例が散見される。たとえば、ある真言宗僧侶は、真宗もまた阿弥陀如来《あみだにょらい》に救いを願っているのだから、これも一種の祈禱であり、「自ら加持祈禱を念じながら他の加持祈禱を排斥するは自家撞着《じかどうちゃく》ではあるまいか」といった反論をしている（「加持祈禱の原理（上）」『六大新報』四〇九号、一九一一年）。

このような、真言宗僧侶らによる祈禱の存在意義をめぐる議論は、近代日本史上のある出来事によって、最高潮に達した。それは、明治天皇の崩御である。

明治天皇の崩御と祈禱

一九一二年の夏、重態となった明治天皇のために、国を挙げての平癒祈願が行われた（平山二〇一五）。皇居へと渡るための二重橋前をおもな舞台として、愛国心の高まりのもと国民が一丸となり、宗派を問わない祈禱的な営みが盛り上がったのだ。

しかし、宗教者を含めた多くの人間を動員した熱烈な祈願はかなわず、同年七月三〇日に明治天皇は崩御。その結果、祈禱の意義に対しても、改めて疑問符が付くようになる。

宗教学者の姉崎正治《あねさきまさはる》は、明治天皇が崩御する前後での、祈禱に対する国民の熱狂と冷却の一転を、次のように伝えている。

多くの新聞を見ると崩御の翌日あたりに「国民の熱誠も遂《つい》に神明に容る丶所とならず崩御在《あ》らせられた、世界には神も仏も無いのか」と云ふ意味の文章が沢山に見えて居た、（中略）宗教心の真味を解せぬ人々は御平癒を祈る場合には知らず〳〵熱誠を表《ひょう》したが（其中《そのうち》には二重橋前に行つてから他人に釣込まれたと云ふ種類の人もあるだらう）其事が済《すん》で見ると是迄《これまで》の熱誠が冷た如く、昨日《きのう》迄の熱禱は夢の如くに消え去つて残る処《ところ》は只物悲しい物《もの》淋《さび》しい不安失望の如き情のみである人も尠《すくな》くあるまい（姉崎一九一二）。

こうした祈禱への落胆は、かねてより祈禱の効果に対し否定的な仏教者たちにとっては、追い風となる事態であった。彼らは、祈禱はやはり迷信だという事実が証明されたではないか、といった発言を、自信満々にしたのである（土屋極東「明治天皇の登遐と祈禱の効力」『新仏教』一三巻九号、一九一二年）。

他方、祈禱の有効性を唱え続けてきた真言宗僧侶たちにとって、天皇崩御にともなう祈禱への幻滅感は、少なからぬ衝撃とともに受け止められたようである。真言宗系の専門誌である『六大新報』には、天皇崩御の後、一九一二年を通してかなり多数の祈禱に関する論説が掲載された。そこには「先帝の崩御あらせられたるにつきて世人は端なくも祈禱の功験に疑ひを挟み、神も仏もないものかと説き、祈禱は一種の気休めたるに過ぎずと論し」などと書かれている（幽芳「祈禱問題に就て」『六大新報』四六六号）。同誌に載った一連の論説が、世間に広がる祈禱無効論への抵抗であったのは間違いない。その中身を見てみると、時代の逆風にあおられるなか、自分たちが行ってきた祈禱をどう擁護すべきかに、真言宗僧侶らが頭を悩ませていたことがうかがえる。

祈禱はどこまで有効か

このうち、祈禱擁護論の極北とも言えるのが、歌人の与謝野《よさの》鉄幹《てっかん》の実兄で、真言宗山階《やましな》派の管長（教団のトップ）を務めた和田《わだ》大円《だいえん》（〜一九三二）の説である。和田は、祈禱を可能にする仏法の力は絶対だと主張する。そして、その絶対性がうまく発揮されないのであれば、それは祈禱を行う僧侶の側に問題があるに違いない、と述べる。

要するに祈禱の験否は法の力に制限があるのでなく、機の方に制限があるので、機根さへ成熟して居れば法には如何《いか》なることをも叶《かな》へさせる無限の力があるのである、機の方からいふのと法の方からいふのとをゴッちやにしてはいけない（「密鈕の祈禱問題に就て」『六大新報』四六六号、一九一二年）。

ここでいう「機（根）」とは、仏法を受け取る人間の素質や能力を意味する。和田は、この「機」が十分な水準に達していれば、仏法の「無限の力」で何でもかなえられるはず、とするわけだ。したがって、祈禱の効果があらわれないのは、それを行う僧侶が悪いのであって、祈禱そのものの問題では断じてない、ということになる。

こうした和田の極論的な見解に対し、より穏当な意見を述べるのが、真言宗御室《おむろ》派管長などを務めた土宜法龍《どきほうりゅう》（一八五四～一九二三）だ。土宜は、祈禱には一定の効果があるにせよ、決して変えられない現実や運命を変えることは誰にもできない、と主張する。

若《も》し転決定といふからとて、その文を自由に解する時は、女人を転して男子として呉《く》れとの希望をも引受けねばなるまい。（中略）祈禱は如何に種々の要素が具備したからとて決定引業を転するといふことはできないので、（中略）死ぬと決つたものを死なぬやうにと祈るのはそれは無理な願ひといふものである（蓮生観善「密教の祈禱に就て」『六大新報』四六七号、一九一二年から土宜の発言）。

「女人を転して男子として呉れ」という願いは、土宜の生きた時代とは異なり、現在の医療技術ではかなえられるが、それはさておく。「死ぬと決つたものを死なぬやうに」するのは、どれだけ優れた僧侶による祈禱だろうと無理な相談だ、と土宜は理性的に述べるのだ。

祈禱をめぐる科学的な論争

これら和田と土宜の両論を基調として、『六大新報』上では様々な祈禱論が提示された。そのうちいくつかの文章では、「宇宙の自然法は、例へ如何なる法方ありとも之を変動し得ぬと云ふが、今日の学理」といったように、近代科学の知見を少なからず意識した議論が行われている（松本文雄「祈禱私論」『六大新報』四六九号、一九一二年）。物理学が明らかにするような「宇宙の自然法」は、祈禱儀礼では変えられない。そのような合理的な考え方が、密教の専門誌にもはっきりと見えるのだ。

当時の真言宗僧侶のなかでも合理主義的な傾向の強い融道玄《とおるどうげん》は、そうした考え方を最も顕著に示した。「自然界の進行は人の祈願に関せず」機械的に行われるのであって、「人如何に無事を祈るも噴火山は破裂し、大地は震動するを免れず。微々たる人にして大自然を左右せんとする、豈《あ》に愚ならざらんや」と、祈禱の意義に対してかなり冷淡である（「祈禱の疑問」『六大新報』四七一号、一九一二年）。

こうした彼の見解を「無信仰」だと強く非難したのが、水野賢道という僧侶だ。水野はこう論じる。そもそも、今回の議論の発端となった明治天皇の崩御は、どれだけ祈禱を繰り返そうと、いつかは訪れる現実である。もし祈禱によって無限に延命がかなうとしたら、「陛下は何百歳にても神去りまさぬことにならねばならぬ」だろう。それが不可能だからといって祈禱の効果は「反証」されたとするのは、むしろ「余りに不合理の考へ」ではないか。

如何に祈禱が円満しても生物が無限に生き延びることとの出来ぬは宇宙の真理である、仏も真理を曲げることとは出来ぬ故に定命より幾分かは祈禱の効験に依つて生き延ぶることが出来ると同時に、病苦をも遁《のが》れることが出来るのである（「祈禱の疑問に就て、融君に質す」『六大新報』四七四号、一九一二年）

水野は、祈禱による延命や病気治しの効果を決して疑わない。一方で、「生物が無限に生き延びることとの出来ぬは宇宙の真理」と述べるとおり、科学的な常識にも配慮する。彼は、祈禱の効果は何をもって「反証」されるのか、という科学的な思考法を採用しながら、なおも祈禱には必ず効果があるはずだという「真理」を、なるべく「合理」的に示そうとしたわけだ。すなわち、祈禱の意義を否定するにせよ肯定するにせよ、科学的な発想を前提とせざるを得ないのが、近代を生きる僧侶たちの条件なのである。

科学の迷信

『六大新報』誌上での祈禱をめぐる論説は、「要するに祈禱は論議すべき問題でなく実修して知るべきことである」という、議論の打ち切りを求める提言を受け、一気に収束に向かう（幽芳「祈禱問題の終結」『六大新報』四七二号、一九一二年）。これ以上の議論を続けても、祈禱を擁護するための決定打は出てこないという判断もあったのだろう。水野が示したような、祈禱の効果を科学的な観点も考慮しつつ検討する方向性も、中途半端なまま見失われていく。

それから数年後には、「科学の迷信」と題した論考が同誌に掲載される。理智《りち》に傾き過ぎて科学の万能性を信じるのは間違っている、といった趣旨の論説だ。なぜなら、「科学的知識」は「全宇宙の説明」に等しくはなく、しかも、科学は常に発展途上にあるのだから。

科学的知識も進化の過程にあるものであつて今日の暫有的な科学的真理に依つて吾人は大いに利益を得る重宝で大切なものだと思つて居る。唯《ただ》それが究竟的《くきよう》盡矣的真理であると思つて居ないだけである科学的知識のみが絶対的で、究竟的で、全的であると思つて居るのを科学に対する迷信と謂ふのである（東淵「科学の迷信（下）」『六大新報』六二五号、一九一五年）。

同論ではこれに続けて、本物の科学者はこうした「迷信」を抱いているはずがない、とも指摘される。そして、科学への理解が足りない「半可通な科学宗信者」こそが、むしろ、この種の「迷信」に陥っており問題だ、と付言される。

このような論理は、祈禱を擁護する際にも用いられた。昭和初期になり発表された社説「祈禱迷信論に就て（下）」を見よう（『六大新報』一二五三号、一九二八年）。その著者いわく、「世の中には学理を超越し智識を超越したる理外の理がある。特に宗教は其根底を絶待界に置いてあるから、普通の理論で説明の出来ぬことがあるのは当然である」。したがって、「祈禱迷信論を唱ふるなどは甚だ軽率なことである」。祈禱の効力は科学を超越しており、それを「迷信」扱いするのは不可能である、というわけだ。

これらの主張は、真理の多元性を前提として、宗教は科学とは異なる真理や「絶対」性を有している、とする立場に基づく。先に述べたとおり、これは浄土真宗の僧侶たちが早期から採用した、科学と宗教をすみわける方向性だ。近代の真言宗の僧侶たちもまた、大勢では、こちらの方向性に向かったように思える。

とはいえ、来世もしくは内面（精神）の真理へと傾斜した真宗とは異なり、密教の場合、あくまでも現世の物理的な状態の変化にこだわる、という事情は依然として変わらないだろう。そして、現世の物理的な状態を動かそうとする以上、密教が科学と衝突する可能性は、どこまでも払拭《ふっしょく》できないはずである。

果たして、こうした密教と科学のジレンマは解消できるのだろうか。この問題を少し別の角度から考えるため、次に、科学者の立場から密教にアプローチした人物を取り上げてみたい。

2 超合理の世界

科学者の宗教観

一九二八年、『科学上より見たる弘法大師』と題した本が、六大新報社から刊行される。著者は、京都帝国大学理工科教授の青柳栄司《あおやぎえいじ》（一八七三〜一九四四）。送配電に関する研究に従事した、電気工学者である。同書には、高野山金剛峰寺座主《こうやさんこんごうぶじざす》の泉智等《いずみちとう》が序を添えており、それによると、青柳の講演が真言宗の関係者を感動させたことから、その講演原稿が書籍化される運びとなったようだ。

弘法大師（空海）の生涯と業績を紹介しながら、「科学と宗教との重要なる関係」について青柳が自身の見解を述べるのが、本書のおもな趣旨である。「今日、科学者の中には往々にして宗教を無視し或《あるい》は排斥する者があり、又宗教家の中には科学を尊重せず却《かえ》つて之と抵触する見解を抱く者がありはしないかと予は虞《おそ》れる」と青柳は語る。科学と宗教は、排斥しあうのではなく、互いに手を結ぶべきだ、と彼は考えるのだ。

青柳によれば、宗教は科学的に見て不合理ではなく、むしろ「超合理的」なものである。宗教は、科学の相対的な原理を超越した合理性を有する、と彼は主張するのだ。ひるがえって、宗教を無視する無宗教者こそが、むしろ「不合理的」ではないか。こうした理解を、青柳は次のように数式のかたちで示してみせる。

第一式　1＋2＝3　（合理的）
第二式　1＋2＋宗教＝3＋a　（超合理的）
第三式　1＋2＋無宗教＝3－a　（不合理的）

通常の科学的な合理性を示すのが第一式、そこに宗教を加えることで広がる、人間の無限大の可能性（＝a）を示すのが、第二式。そして、宗教を否定するがゆえに人間の無限大の可能性が失われ、そのため科学の価値もまた十分に発揮できない状態を示すのが、第三式というわけだ。かなり奇妙な印象を受ける公式だが、青柳が宗教の存在意義を、何とか科学的に説明しようと試みているのは、よくわかる。

彼は、人間が自分の力を十分に開発するのには、宗教が不可欠だと論じる。個人の情操と意志と智識、これらは宗教がもたらす「適切なる生理的心理的変化」によって、真に育《はぐく》まれ、強化されると考えるのだ。科学もまた、信仰心に基づき完成された人格に立脚してはじめて、模倣や追従の域を脱し、発明と創造の段階へと進むだろう。青柳はそう断言する。

そして、「我が弘法大師の如きは、最もよく此《こ》の宗教と科学との融合を実現せる大先覚者」である。そう主張する青柳は、空海が体系化した密教の教えと実践を、どう理解したのだろうか。

六大思想と近代科学

青柳が特に注目したのは、真言密教の「六大」の思想である。「地・水・火・風・空」という、人間の身体も含めた物理的な世界を成り立たせている五つの要素と、人間の心や精神の作用としての「識」をあわせた六つの「大」。それら「六大」の組み合わせや因果関係から、この世界のあり方を説明する仏教の思想だ。青柳は、この六大思想を近代科学の観点から語り直す。

すなわち、「五大は今日の自然科学に於《お》ける主要ある素材であり識大は精神的道徳的方面の要素である。斯《か》くの如く一切の万物は科学的並びに精神的の両属性を具へて居る」。近年の研究では、人間以外の「動物は殆《ほとん》ど無意識的で精神作用を現はし得ず、概《おおむ》ね反射運動で活動するもの」だとわかってきており、人間とその他の動物とのあいだに、精神面ではレベルの違いがある。とはいえ、こうした昨今の科学的な見解は、「密教の思想と根本的に矛盾するものではない寧《むし》ろ其の間に多分の一致点を見出《みいだ》すことができる」。

そして、自然科学の知と精神作用の双方を説明し、両者の融和をあらわす六大の思想は、現代人の生き方を導く重要な指針となりうるだろう。青柳は次のように提言する。

科学的に宇宙の現象を研究し発明発見を積み重ねると共に他方も亦《また》信仰の力に依《よ》り吾人の情意を陶冶し心身を醇化《じゅんか》することに依つて吾人の科学哲学乃至《ないし》道徳を建設しなければならぬ。

科学を職分とする青柳にとって、科学的な発見や発明はもちろん大事だ。他方で同時に、科学する人間の情感を磨き、一人ひとりの道徳性を高める努力も欠かせない。そして、人間の心身の望ましい発育のためには、宗教や信仰が不可欠だろう。それが青柳の確信であった。

ここで青柳は、信仰に基づく具体的な行為として、「熱心に祈禱念仏することや或《ある》は讃美歌《さんびか》を唱へ又は読経《どきょう》すること」などを挙げている。そして、それらの「宗教的儀礼や行事を単に形式上のみでなく真実の心から反復実践」すれば、やがて「生理的心理的変化」がもたらされ、ついには「益々《ますます》信仰心を増し人格が向上する」のだと彼は論じる。

こうした論じ方から明らかなように、青柳は、人間の心と身体を良い方向へ変化させる宗教の力に、大きな期待をかけていた。

人が宗教の力で一大信心を起すと、忽然《こつぜん》として大悟徹底する。之を発心即到《はっしんそくとう》と称するが、之即《すなわ》ち忽然たる生理的心理的変化の為《た》めに一躍小我より大我へ転化するのである。これは今日の生理学上説明され得る事柄であるから、斯《か》かる実例に就《つ》いて生理学的実験を試みるならば、確かに其の体質の変化を認めらるゝに違ひない。

確固たる信仰心を持つに至った人間は、個（小我）を超えた大いなる存在（大我）として生きられるようになり、そして、その状態は「生理学的実験」によって実証できるはずの「体質の変化」をもたらす。青柳による宗教論の要点はここにある。彼は、科学と宗教の関係を、心身の良好な変容という点を中心にして結びつけたのである。

祈禱と奇跡の世界

祈禱についても、青柳は同様の説明をしている。「合法の祈禱を行へば仏の大悲と人間の信仰心とが感応道交し相加持して之に適応せる生理的心理的変化を受け一層敬虔《けいけん》真摯の気分を増進し心身が次第に醇化霊化される」というわけだ。さらに、「熱誠な祈禱」は、祈禱を行う本人だけでなく、そこに居合わせた信者をも感化させられる、と彼は述べる。

だが、祈禱の効力とは本来、個人の心身の改良にのみ限られるものではないだろう。本章で述べてきたとおり、たとえば重体となった天皇の崩御を食い止めるような、奇跡的な効果こそが、祈禱には求められてきたはずだ。

しかし、青柳はこの点については曖昧《あいまい》な意見しか示さない。「祈禱修法に依つて神仏の加護を喚起し得るや否やといふ奇蹟的の問題に至つては、少くとも、今日の吾人の智識程度を以《もつ》てしては科学的に之を立証し或は否定することは到底出来ない」というように、正面から議論するのを避けている。

神仏の実在や奇跡の世界については、現状の科学の領分とせず、それらを解明できるかもしれない未来の学知に託す。それが、青柳の結論であった。

宗教的奇蹟の如きは最も神秘な世界であり、「絶対」なるもの、性質上、恐らく之を科学的に証明せんとすることは根本的に不可能であり矛盾であるといふべきかも知れない。唯併し、将来吾人の智識が無限に発達しゆくに伴ひどの程度にまで宗教的神秘の世界に切り込み得るかといふ問題に対しては深き興味と期待とを持つてよいであらう。

ここにも、科学と宗教をすみわける説明の仕方が認められる。科学者による密教へのアプローチもまた、同時代の真言宗僧侶たちがたどり着いた答えと、あまり変わらないところに行きついた、と言えるだろう。

ただし、科学者である青柳が、密教をはじめとする宗教の本質を心身の変容にみた点は、注目に値する。後述のとおり、人間の心身こそが、密教に限らず近代の仏教と科学が交錯する、最重要の場となったからである。

道徳・信仰・科学

青柳は、なぜ、宗教の意義を何よりも心身変容と結びつけて論じたのだろうか。それは、彼が目の当たりにしていた当時の日本社会における道徳の退廃を、信仰に基づく個人の心身の改善によって克服したい、と考えたからである（青柳一九二七）。

いわく、近頃の新聞の紙面は「親を殺し夫を殺し妻を殺し子を殺す等、実に惨虐至らざるなき不祥事の報道を以て充《み》たされてゐる」。この状況を批判する人々は、その原因を「社会組織や家族制度等の欠陥」に見る場合が多い。だが、それでは不十分だと青柳は指摘する。なぜなら、現状の問題をもたらしている最大の原因は、「当事者の無信仰（単なる仏詣《まい》りや神拝みの形式的信心にあらず真に正しき意味の宗教的信念の欠如）」にあるからだ。

明治維新から後、日本の教育は信仰を軽視し、理智のみに走った。それが、現在の道徳的退廃の根本的な理由だと、青柳は論じる。「人として信仰が第一であつて、西洋の諺《ことわざ》にもある通り人間と禽獣《きんじゅう》との相違は宗教の有無にあるのである。実に信仰なくば真の道徳も真の研究もない」。したがって、宗教教育による情意の鍛錬が急務だと、彼は主張するのだ。

青柳が密教へアプローチしたのには、こうした背景があったわけである。ゆえに、彼は真言密教に特別な思い入れがあって、この宗派の教えを支持したのでは、必ずしもない。空海が体系化した真言密教に、たまたま当時の青柳の考えと通じる部分があったため、それについて論じたに過ぎないのだ。実際、彼はその後もずっと密教に入れ込み続けはしなかった。自己の依拠すべき宗教を、天皇を中心とした「神の国日本」への信仰へと、全面的に移行させていったのだ（「神の国日本」『生理学研究』六巻八号、一九二九年）。

昭和の戦時下に突入してから後には、青柳の天皇や「神の国日本」への信心は、揺るぎ無く強烈なものと化す。国家の発展のために必要とされる科学的な「発明発見」は、日本固有の神霊にそなわった万物創造の働き（産霊《むすび》）があってこそ可能になる、などと明言するようになるのだ。

万邦無二の日本国体は之〔産霊〕に依つて発展し、世界無比の日本精神は之に依つて発揮さるゝのであります。吾人は此の偉大なる根本原理を体得して、神中心即ち　天皇中心の生活を感謝し、絶対帰依のもとに君民一体の実を挙げ、発明発見を盛にし、科学の進歩発展を図り、神国建設の聖業を完成する為め、凡《すべ》てが一体となつて努力すべき一大使命を有するものなることを夢にも忘れてはなりません（「我が国体宗教と発明発見」『抜萃《ばつすい》の綴《つづり》』

その五、一九四二年）

天皇中心の国づくりのため、信仰と科学技術がともに動員され、国民が一丸となり自らの身命をささげる。それが、戦時下の青柳が構想した日本社会のあるべきビジョンであった。もともと、日本の現状を憂えて宗教を再評価しはじめた青柳である。その延長上で、彼が理想とする「万邦無二の日本国体」や「神国」の建設のために、天皇への「絶体帰依」を国民に勧めるのは、彼にとって、それほど大きな飛躍ではなかっただろうと思われる。

かくして、仏教とはだいぶ離れた場所へと進んでいった青柳だが、一時的ではあれ彼が真言密教を高く評価したのは、まったく無意味な出来事ではなかった。青柳という一流の科学者による密教の説明を援用し、自らの活動に役立てた僧侶たちもいたからだ。藤田霊斎はその一人である。

3　健康法と密教――藤田霊斎

健康法ブームと東洋の伝統

藤田霊斎《ふじたれいさい》（一八六八～一九五七）は、真言宗智山《ちざん》派の僧侶である。だが、歴史的には、僧侶としてよりも、ある健康法の開発者として言及される場合が多い。「（藤田式）息心調和法」

「調和道丹田呼吸法」などと称される、独自の呼吸健康法を作り上げ、少なからぬ支持者を集めたのだ。田中聡の研究をもとに、その概要と流行の背景を確認しておこう（田中一九九三、一九九六）。

明治の末頃より、日本では健康法のブームが起きた。この時期、日清・日露戦争を大きな契機としてナショナリズムの風潮が強まり、国家のために生産的に活動する個人が求められるようになる。それゆえ、個人の心身の健康が公益にかかわる問題となり、健康の維持や増進が社会的な課題と化した。そうしたなか、「〇〇法」と名乗る無数の健康法が提唱され始めるのである。

そのうち最も有名な健康法の一つは、「岡田式静坐法《おかだせいざ》」だろう。一九〇七年に岡田虎二郎《とらじろう》が創始した。静坐をしながら、人体の内に流れる「気」を、呼吸の操作により身体の下方へと向かわせ、腹部に納めるという健康法だ。

岡田は、人間は「腹」を中心に身体を整えるべきだと考えた。明治以降、西洋を模範にした近代化により、「頭」や「胸」が重んじられ、知性や感情を人間存在の中心とする発想が広まった。だが、日本人は昔から「腹」を中心にして生命力豊かに生きてきたのであり、自らがすすめる呼吸法によって、そうした伝統的な身体性を復活させるべきだと、岡田は信じた。

藤田霊斎もまた、岡田と近い考え方を持っていた。一九〇八年に著書『心身強健之秘訣』を出版して以来、自身の開発した「息心調和法」の普及に努めながら、ひたすら「腹」の力を強調し続けたのである。「腹が変われば心身の全体が変わる」というのが、彼の一貫した信念であった。自身が組織した「調和道協会」を基盤に、昭和初期には「腹本位体育」を学校や軍隊で実施させるための活動を推進している。「西洋流」の「胸本位」の体操への対抗である。

岡田と藤田は、どちらも行き過ぎた西洋化への疑念と、日本の伝統再興への意欲を強く持っていた。それゆえ東洋的な健康法を推奨したのであり、彼らの取り組みには、近代以前から日本で伝わってきた健康法の再評価という側面がある。

なかでも重要なのは、江戸時代中期の禅僧、白隠《はくいん》(一六八五～一七六八)が提示した健康法だ。白隠の『夜船閑話《やせんかんわ》』には、彼が病から回復した際の方法が記される。それは、気を丹田(ヘソの下の下腹部)に納めて散らさないようにする訓練や、観念をコントロールすることで体調を回復させる瞑想《めいそう》のやり方である。これら、東洋の気の思想と禅の瞑想法を組み合わせたような健康法を、藤田らは近代において独自にアレンジしながら継承したと言える。

新しい宗教への挑戦

だが、藤田が広めた健康法は、単に伝統の再興という性格だけに限定されるものではなかった。近代に特徴的な宗教実践や、あるいは科学との交渉のもとで成立していた部分も、確かにあったのである。宗教学者の栗田《くりた》英彦《ひでひこ》が明らかにしたとおり、藤田は、科学の知によって再編成された仏教を受容し、仏教への新たな見方を切り開く一方で、仏教の枠を超えた新しい宗教

藤田霊斎

のあり方も開示していくのだ（栗田二〇一六）。彼の開発した健康法もまた、そうした新しい宗教への挑戦と、不即不離のものとして展開された。

青年時代の藤田は、真言宗の専門学校を卒業した後、一八九〇年に哲学館に入学する。本書第一章で触れたとおり、哲学館は井上円了が創設した学校である。哲学館では、西洋の哲学や心理学の講義に加え、円了が心理療法の手段の一つとして評価した、催眠術の実験も行われていた。そして、藤田は哲学館を卒業してからしばらくの後、催眠術研究の観点から加持祈禱の意義を説明する論文を書く（「催眠学者の為に加持祈禱の原理を説く。」『精神』一巻一一号、一九〇五年）。その論文が掲載されたのは、桑原俊郎が設立した「精神学会」の機関誌である。前章で紹介したとおり、桑原は催眠術研究の果てに人気の霊術家へと転身した人物だ。藤田は、桑原の影響下にもあった。

さらに藤田は、キリスト教系の有力な知識人であった松《まつ》村《むら》介《かい》石《せき》（一八五九～一九三九）と意気投合し、ともに組織を立ち上げ、同志として活動する。松村は、『聖書』に描かれたイエスによる病気治しなど、信仰による治療が、プロテスタントの宗教改革や近代化の過程で見失われてきた、と考えた。藤田は、そうした松村の考えに賛同し、イエスによる奇跡的な治療は、科学的にも説明可能だとした。かくして藤田は、仏教の枠を超えた宗教的な世界観のもと、人々の心身の回復と改善を推進する運動へと邁進《まいしん》していくのである。

このように、藤田が開発した健康法が、「呪術・科学・宗教」が相互作用しながら新たな思想や実践を生み出す、「第2の近代化」の時代の産物の一種であったのは、間違いないだろう。彼の呼吸健康法の形成には、右に見たもの以外にも、次章で取り上げる禅僧の原坦山《はらたんざん》による『惑病同源論』など、近代的に再構築された宗教思想が、様々な影響を与えている。一方で、藤田は先述した青柳栄司の著書を援用し、宗教が起こす「不思議現象」の意義を、「宇宙の真理を愛する科学者」も認めたと指摘したりもしている（「お救ひの眞意義とその霊感談」『おすくひ叢書 第二輯』調和道遍照教団伝道部、一九三六年）。

東洋の伝統的な気の思想や瞑想法に、近代化された宗教と科学がまじりあい発生した、藤田による独特の呼吸健康法。その普及につとめた彼には、現代における宗教と科学のあり方についても、一家言があった。

医学と宗教の調和

藤田は、自己の健康法に関する理論を時期ごとに微妙に変化させており、著作も比較的多い。だが、大著『国民身心改造の原理と方法』（一九三八）は、その論述の体系性からして、彼の主著とみなせよう。

藤田は、自身の心息調和法も含め、科学者や発明家が新しい研究や発明に成功する際には、理性的な判断だけでなく、「天啓とかインスピレーションとか言はるゝ、或《あ》る大きな聖なる閃《ひらめ》き」が大きなきっかけになる場合が多い、と述べる。この天啓を得るために、彼は「毎朝二時二十分に起き出《い》でゝ、五時半までは道場に於《おい》て観法修行にいそしんで」いるとのことだ。そして、天啓によって得られた知見には、一見すると「非科学的」に思えるものがあるが、それは実は「非科学的でなく超科学的」なのだと彼は主張する。この、頭脳ではなく「腹のどん底から生れた、直覚知」こそが、藤田の研究や実践を成り立たせていた基盤であろう。

彼は、自身の発明を、単なる健康法ではなく、宗教と科学を総合する「調和医道」として理論化した。それは、次のように説明される独創的な医学のあり方だ。

> 調和医道とは、身心一如《しんじんいちによ》の人間観に出発して医師即《すなわち》宗教家、宗教家即医師の見地に立ち、病苦に悩む人々を根本的に救済すべき医道であり、大自然の調和の法則にかなつた有形無形一切の治療法を総合摂取し、而して息腹心の調和法によつてこれを統一し、更に百《ひやく》尺竿頭《しやくかんとう》一歩を進め、宗教的信仰に依つて無明煩悩を断除し、一切の病根を絶滅して、完全に金剛不壊《ふえ》の神人たらしむるものをいふのであります。

人間は肉体的な存在であると同時に、精神的な存在でもある（身心一如）。それゆえ、肉体と精神、どちらか一方が病めば、もう一方にも欠陥が出る。したがって、人間の肉体的な病を完治できる医師は、同時に精神の救済者、すなわち宗教家でなければならない。すなわち、「医師と宗教家とは一心同体、一人で両者を兼ねるのが理想」なのである。

そのように論じる藤田は、自分自身は今日における通常の意味での医師ではない、と認める。「薬物其の他の物質的治療法をやる医師」ではないのだと。しかしながら、と彼は注意を促す。「調和法の力に依つて、現に苦しみつゝある多くの人々の肉体上の疾患を除いたり、不健全体質や不健全性質を改造してやりつゝある広き意味に於て」は、自分も一種の医師である。と同時に、「有縁《うえん》の人を救済して真の病根たる煩悩魔を除き去り金剛不壊の仏身」へと導いているという意味で、自分は真の宗教家でもある。藤田は自身のアイデンティティをそう位置付ける。

ここで彼が提唱するのは、「医学との宗教の調和」あるいは「科学と信仰の調和」だ。物資的な薬物治療に加え、「至誠の祈念をこらして、病者に内在する自然の治癒力に、神仏の力の加はり来たることを念ず」るのである。のみならず、「薬物を用ふる際にも、それが単なる物質的の薬物ではなく、それに神仏の加被力の加はりたる精神的薬物、否《いな》、霊的薬物と化し『物霊一如』の神薬たらしむべく用意」すべきだと藤田は主張する。

こうした藤田の調和医道に関する提言は、もはや特定の健康法のすすめの域を大きく逸脱している、と言っていい。自身の調和医道の最終的な到達点を、藤田は、次のような壮大なところに見出していた。

調和医道のめざすところは、人間に内具する処の宇宙調和の法則のあらはれである『健康の徳性』を十分に発揮せしめ、病者をしてひとり病を治《ぢ》するばかりでなく、更に不老不死の神人《しんじん》（神仏《かみほとけ》）たらしめんとするのであります。

自分の開拓した新たな健康法や医学を究めれば、人間は「不老不死の神人（神仏）」へと変《へん》貌《ぼう》するだろう。こうした藤田のやや突拍子もない見解には、実のところ、「即身成仏」を唱える真言密教の思想が、色濃く反映されているように思える。

今ここにある身体が、生きたまま仏となり、生物としての究極の姿を体現する。空海が達成したとされ、彼に続く真言密教の僧侶たちが模範としたこの「即身成仏」の思想こそ、藤田の活動を支えた信念の基盤ではなかったか。

即身成仏を目指して

藤田は、伝統的な真言密教の枠組みにはおよそ収まりきらない宗教活動に挺身《ていしん》しながら、他方で、真言宗僧侶としての自意識を捨てることもなかった。また、自らの健康法や医学の構築にあたって、繰り返し真言密教の伝統を顧みてもいる。この点は、彼に師事した者たちによってまとめられた伝記からも、はっきりと確認できる（村野一九八二）。

たとえば、藤田は真言密教の著名な霊場への参籠《さんろう》修行を、何度か行っている。たとえば、一九〇八年の九月から翌年三月までの約六か月間、彼は東京の高尾山《たかおさん》での厳しい修行に挑んだ。これは、藤田が息心調和法を世に問い始めたのと同時期である。彼は、この修行を通してはじめて、「調和の息」の真髄の一端を悟ることができ、また「自己の心の働きのほかに「霊」なる力を自覚」できたと語っている。

さらに、一九二六年一〇月から約四か月間にわたり、藤田は、弘法大師（空海）による開創の地であり、弘法大師が生きながら「入定《にゅうじょう》」したとされる聖地、高野山に参籠する。その修行中、山内で伐採された霊木を授かった彼は、仏師に依頼し、木彫仏を彫らせた。そして、奥の院の弘法大師の霊前で入魂されたこの木彫仏に、彼は「生きぼとけ」のぬくもりを実感したのだという。

こうした密教の聖地における藤田の修行は、単に健康法の洗練のためにのみ行われていたわけでは決してない。真言宗僧侶として、宗派の教えをより広い世界に伝えるためにも、それは必要とされたのだ。一九三〇年、藤田は「調和道遍照教団ハワイ本部」を設立し、真言密教の海外布教を本格的に開始する。真言宗智山派の傘下にあった、この布教団体の教憲は、次のように示された。

本教団の本尊は「遍照金剛尊」とする。また弘法大師を教祖とし、釈迦牟尼仏、真言宗新義派々祖興教大師並びに各宗派の教祖たちを聖祖とする。／教団の経典並びに聖典は弘法大師の「即身成仏義」「吽字義《うんじぎ》」「声字義《しょうじぎ》」「調和道聖典」とする。

弘法大師を頂点に、釈迦、興教大師《こうぎょう》（真言宗の中興の祖である覚鑁《かくばん》）らを聖祖と仰ぎ、また「即身成仏」などの空海の教えに加え、藤田が独自に開いた「調和道」を宣教する。真言宗の伝統的な教義と、宗教と科学が交わる近代的な健康法や医学を組み合わせた海外布教を、藤田は志したわけである。

時は過ぎて戦後になると、真言宗智山派からの離脱を藤田は希望するようになる。自らの調和道の実践は、これまで真言宗智山派に所属しながら進めてきたが、「その内容に至りては全然別個の立場にあるものと言わねばならぬ」という考えが強まったからだ。

とはいえ、一九五七年に死去する最期の時まで、藤田は真言宗の内側にとどまり続けた。間もなく臨終を迎えるころには、「健康道、厚生道、平安道を全うし、更に、遂に信仰道に進みて即身成仏の大目的に邁進す」といった言葉を遺《のこ》したという。藤田の長年にわたる健康法への取り組みは、一方では常に、「即身成仏」を目指す真言密教の理想を実現するための試みでもあったのだ。

4　心身という場

心身をケアする宗教

宗教で世界は変えられないが、個人は変えられる。あるいは、個人を変えることでなら世界を変えられる。これが、近代以降に科学と対話した少なからぬ宗教者や知識人の至った結論である。

祈禱のような宗教儀礼によって、宇宙の法則を動かすのは難しい。だが、宗教に由来する思想や実践によって、個人の心身を改良し、そこから世の中を改善することは可能だろう。それが、青柳栄司や藤田霊斎など、近代の密教関係者のなかから出てきた発想であった。

物理的な世界は科学の領分であり、精神的な世界は宗教の領分である。繰り返しになるが、これが近代における科学と宗教の基本的なすみわけだ。このすみわけに基づけば、科学と宗教は問題なく共存できる。

だが、人間の心身は、物理と精神の双方の世界にまたがる領域である。宗教が個人の人生にかかわる際、単に心（精神）の問題だけでなく、身体（物理）の問題にも踏み込めば、必然的に科学との関係が問われてくる。そして、藤田が取り組んだ人間の健康の問題は、まさに個人の身体の状態をこそ最大の問題としていた。

藤田にとって、人間の身体は西洋由来の科学（医学）によるケアだけでは不完全なものであった。そうではなく、禅に由来する瞑想法や真言密教の思想とともにあってこそ、不備のない理想の心身が可能になると彼は考えた。「医学と宗教との調和」がなされるべき、というわけだ。この点は、宗教によって感化された心身にのみ本当の科学は実現できるとした、青柳の考えとも通じる。

心身という場は、近代以降の世界のなかで宗教と科学が交錯する、最も顕著な部分であると言っていい。とりわけ、健康改善や病気の治療といった、心身の障害の除去を目的として、宗教と科学はしばしば出会う。個人の心身を治したり癒《い》やしたりする際、既存の科学（医学）を補う役割や、さらには科学の限界を超える効能が、宗教にはときに期待されるからだ（島薗二〇〇三）。

近現代の日本でも、各種の宗教が科学と交わりながら、人々の心身のケアに関与してきた（Harding, Iwata, Yoshinaga 2014）。そして、過去から現在まで、そこで大きな役目を果たし続けてきたのが、仏教の諸宗派の伝統である。

吉本内観と浄土真宗

日本の仏教が心身の治療に貢献した事例として、浄土真宗の系統では、吉本《よしもと》伊信《いしん》（一九一六～八八）が昭和初期に開拓した、内観（療法）の例が特に名高い。

内観は、自身の心や人間関係に問題を抱えた者が、一定期間にわたり隔離された環境で、自己内省をひたすら深める心理療法だ。内観者は、自己と改めて向き合うための手法として、過去から現在までの対人関係を徹底して見直す。自分の母親をはじめとする具体的な他者を念頭に、自分が相手に「してもらったこと」「して返したこと」「迷惑をかけたこと」の三項目について、ひたすら想起するのだ。

内観が順調に進んだ場合、内観者は、自分に多くの恩恵を与えてくれた相手への感謝の念を強め、心の歪《ゆが》みが治療される。また、安定した自己認識や、他者との良好な関係を築けるようにもなる。その肯定的な効能は心理学者らによって確かめられており、また非行少年や犯罪者の矯正にも役立つとして、一九五四年以降、少年院や刑務所などの矯正施設に導入された（佐藤一九七二、三木二〇一九）。

創始者の吉本伊信は、真宗のなかで伝わっていた「身調べ」の実践をもとに、この内観療法を開発した（吉本一九六五）。九歳のときに妹を亡くした吉本は、妹の死を悔やみながら、母とともに真宗の信徒として熱心な求道《ぐどう》の生活を始めるようになる。やがて真宗を布教する立場となった吉本は、身調べという、かなり特殊な真宗の修行法――大多数の真宗僧侶や信徒はまずやらない修行法――に挑戦する。それは、指導者以外は誰とも会えない隔離された状況で、数日間の断食・断水・断眠という条件の下、これまでの自己の行いをひたすら反省する修行法（瞑想法）だ。行者《ぎょうじゃ》は、この修行をとおして深く重い罪悪を抱えた自身のあり方を自覚し、心の底から仏（阿弥陀如来）の救いにあずかりたいと願うようになるという。

内観療法は、この身調べをアレンジするかたちで形成された（吉本一九八三、島薗一九九五）。変更の要点は、宗教的な修行から、一般的な心理療法への調整である。身調べでは、真宗僧侶らの指導下で苦行をするなか超越者（仏）と出会い、無常の悟りや救いの体験を得るのが目的となる。それに対し、内観療法では、基本的に俗人の指導者のもと、食事や睡眠も十分に取らせてもらいながら、日常生活や周囲の人間関係を改善するための心の整理を目指す。

さらに、当事者が自己内省のなかで関係を結び直す他者が、身調べでは何より仏（阿弥陀如来）であるのに対し、内観では母親に代表される身近な相手であるのも、両者の根本的な違いだろう（藍沢一九七五）。内観療法は、仏教的な修行法（瞑想法）から宗教性を脱色したものと見てまず間違いない。それゆえ、政教分離を前提とする公的な矯正施設でも、内観は問題なく受け入れられてきた。

ただし、創始者である吉本の発言を拾ってみれば、内観は、特定の宗教を超えた普遍性と、そのルーツである仏教（真宗）の影響の両面が、どこまでも入り交じった技法としてあったことが示唆される。吉本は、自身が開発した内観を（白隠の内観法と区別するため）「吉本式内観法」や「吉本内観」と呼称する声に違和感を表明して、次のように述べている。


私としてはなるべく「吉本」という名前を入れてほしくありません。なぜなら、内観とは実に尊い、千古の極則というか人類はじまって以来の尊いもので、創始者というなら正しくはお釈迦様であり、親鸞聖人様であるからであります。それにもかかわらず、その頭に私のような浅ましく俗っぽい愚か者の固有名詞をつけてもらうということは、もったいなく恐れ多いことであります（吉本一九八三）。

内観は、「人類はじまって以来の尊いもの」という意味では、時代や地域や文化を超えて有効なはずの心理療法である。だが、他方でそれは「お釈迦様」と「親鸞聖人様」によって創始されたという意味では、明らかに仏教の思想や実践の一種だ。特定の宗教の文脈を超えて、広い世界で応用されるようになった内観だが、吉本にとって、それは常に仏教的な背景を忘れずに伝えられるべきものと理解されていたようである。

森田療法と禅

明確に仏教（真宗）にルーツを持つ内観に対し、その開発過程では仏教と直接関係しないが、出来上がったものとしては仏教を連想させる精神療法がある。森田療法だ。精神科医の森田《もりた》正《まさ》馬《たけ》（一八七四〜一九三八）が一九一九年に創始した。

森田療法は、神経質（神経衰弱、神経症）を治すための療法である。心を特定の疾病や苦悩への「とらわれ」から解放して、すべてを「あるがまま」に受容できる心身の状態をつくることを目的とする。そのために、患者にまず絶対臥褥《ぜったいがじょく》（一定期間ただひたすら床に臥《ふ》せ続ける）をさせ、自己の身体を苛《さいな》む苦悩を、ありのままに受け入れさせる。その上で、患者の「生の欲望」を回復させるため、掃除や台所仕事などの簡単な作業を行わせる、という手順をとる。一連の過程を通して、患者は人間にとって本来的な、歪みのない心身機能を取り戻すという。

森田が創始したこの日本独自の精神療法は、しばしば、禅との近似性が語られてきた。自己の心身への注意の向け方を変えることで、世界を「あるがまま」に受け入れさせるその方法が、禅僧が日々の修行により達成しようとする悟りの状態を、少なからず思い起こさせるのだ。

森田自身は、禅僧のもとでの坐《ざ》禅《ぜん》の経験はあるが、熱心に参禅し続けた人物ではない（野村一九七四）。彼は、自分は禅の門外漢であり、自らの療法が禅と通じるのは偶然の一致だ、と述べていたようである。とはいえ、彼の著作や患者との対話のなかには禅の言葉が数多く引用されており、禅の影響を完全に否定するのは難しい（渡辺一九九六）。

そして、比較的よく知られた事実として、彼の直弟子には宇《う》佐《さ》玄雄《げんゆう》（一八八六〜一九五七）という臨済宗の僧侶がおり、彼は森田療法と仏教（禅）をはっきりと結びつけた（宇佐・木下一九八七）。東京慈恵医院医学専門学校（後の東京慈恵会医科大学）で森田に師事した宇佐は、さらに東京帝国大学で精神医学を研究した後、一九二二年、京都の東福寺《とうふくじ》（臨済宗）の中に、病院（三聖病院）を設立する。この病院では、院長の宇佐玄雄やその跡を継いだ長男の晋一《しんいち》によって、禅と森田療法を重ね合わせたような、独自の療法が行われたのである（二〇一五年に閉院）。同病院への入院者は、「患者」ではなく「修養生」と呼ばれ、禅寺の修行僧（雲水）のような心構えを持つよう導かれた。

このように禅と密接に結びついた森田療法だが、それは仏教の思想や実践そのものでは断じてない。三聖病院で森田療法に従事した精神科医の岡本重慶《おかもとしげよし》は、森田療法と仏教の関係を次のように説明する。

森田療法の流れを遡及すると、この療法の原点において、仏教、とりわけ禅と、人間観や自然観を深く共有する部分があったことは、言うまでもありません。しかし森田療法イコール仏教ではありません。（中略）森田正馬は、自分自身を含め、悩める神経質人間のために、そしていずれは「苦」に向き合うことを避けられないすべての人間のために、生きる智恵《ちえ》を探りました。そして探り当てた智恵の多くが、仏教的な智恵であったのです（岡本二〇一五）。

森田は、禅（仏教）の思想や実践を意識しつつ、自己の精神療法を開発したのではない。そうではなく、病を抱えた人々の苦悩を取り除こうとするその真摯《しんし》な営みが、必然的に禅（仏教）の思想や実践と通じる結果となった、というわけだ。非常に示唆深い見解である。

伝統仏教の力

内観のように、仏教（真宗）の伝統から宗教色を薄めることで生まれる心身操作の技術があれば、森田療法のように、より有効な治療の方法を求めるなか、仏教（禅）の色合いを帯びてくる精神療法もある。上記した二つの例から、人間の心身の治療をめぐって、仏教の伝統がそれぞれ異なるかたちで見え隠れする様子を確認できるだろう。

心身という場では、宗教と科学（心理学や医学）がときに強く交わりあう。そこでの宗教は、日本では多くの場合、密教や浄土教（真宗）や禅といった、仏教の諸伝統が担うのだ。これら三つの伝統は、それぞれ性格が大きく異なる。しかし、その伝統の力の根強さのために、いずれも日本人の心身にとって馴染《なじ》みやすい発想や行動様式を提供してきたのは、間違いない。それゆえ、日本人の心身をめぐる科学的な営みのなかで、それらの伝統が持つ潜在的な力が、しばしば再評価されるのだ。

なかでも、禅の力は科学的な観点から評価されやすい。明治以降から現在に至るまで、最も科学と友好に結びついてきた日本仏教の伝統は、禅である、と言っておそらく間違いないだろう。

第四章　禅の科学

1　心理・生理・脳波

禅を科学するとは？

日本で瞑想《めいそう》といえば、禅のイメージが強いだろう。いわゆる坐禅《ざぜん》である。もちろん、禅寺で行われているのは、坐禅だけではない。ほかにも、公案のような特殊な問いの探究（いわゆる禅問答）が行われたりもする――たとえば次のような問い。両手を打つとパチンと音がする。では、片手を打つと、どんな音がするだろう――。あるいは、料理や掃除といった日々の営みもまた、禅寺での修行の一種とされてきた。

とはいえ、科学的な研究や議論の文脈では、坐禅に特別な注目が集まりやすい。坐禅という瞑想を行うことで、人間の心理や生理にはどのような変化が起きるのか。こうしたテーマについて実験や考察を重ねる人々が、近現代の日本では、引きも切らず出現してきたのである。

既に第一章では、明治期の元良勇次郎による参禅と、その体験の心理学的な分析の性格について論じた。さらに第二章では、催眠（術）と禅の交渉の事例を取り上げている。本章では、これらの事象に続けて（もしくは同時期に）展開した、禅の科学の諸相を見ていこう。扱う時代は、おもに大正期から昭和中期までである。

禅の科学は、大きく分けて二つの方向性がある。一つは、禅の効果の心理的な側面の検証で、これは当然ながら、おもに心理学者たちが担ってきた。二つ目は、禅が人間の身体に及ぼす生理的な効果を解明する方向で、こちらは、もっぱら医学者や神経科学者による研究や議論を通して深められた。もっとも、これら二つの方向性は特に対立関係にあるわけではなく、双方を兼ね備えたような取り組みも、よく見られる。

科学者だけでなく仏教者のなかにも、禅の科学の担い手となる者がいた。ただし、禅を科学的な枠組みのなかでのみ論じる風潮に批判的な仏教者のほうが、圧倒的に多い。禅は、果たしてどこまで科学できるのか。この問いを追究し、禅と科学の融合の実態、その可能性と限界を確かめるのが、本章の目的だ。

実証的研究のはじまり

一九二〇年、心理学者の入谷智定《いりたにちじよう》は、数年前に東京帝国大学に提出した卒業論文に手を加え、これを『禅の心理的研究』として出版する（入谷一九二〇）。入谷は、元良とともに日本の心理学研究の基礎を築いた東京帝国大学教授の松本亦太郎《まつもとまたたろう》（一八六五〜一九四三）の指導下で、この研究を進めた。

同書の趣旨は、アメリカの宗教心理学者スターバックの回心《かいしん》研究を模範としながら、「禅宗に於《お》ける悟道見性を中心として、其に先行せる精神物理的、精神的諸過程並《ならび》に其に後伴する心身の変化等を研究したものである」。参禅を体験した人々からの聞き取りやアンケート調査によって、体験の以前と以後とでどのような心理的・生理的な変化があったのかを検証し、そこから禅における悟りとは何かを考えた研究の成果である。なお、著者自身の禅堂での経験や、禅僧の語録や法話なども参考資料として用いられている。

同書で示される入谷の調査は、実に綿密である。被験者五〇名の職業・年齢・性別などの属性からはじまり（職業別では僧侶《そうりょ》一四名のほか、教育者八名や医者七名などが多い）、修禅の動機（求安心や求道《ぐどう》心など）、これまでの生活習慣のあり方、実際に経験した修行（坐禅や公案）の内容、修行中の経験や気づき、修行後の心身の状態など、かなり細部にわたる。心理学者による禅の実証的な研究としては、これが本邦初の本格的な業績だろう。明治期の元良が公表した、おおよそ自己の参禅体験からのみ構築された心理学的な論考からは、大きな飛躍を遂げたものと言える。

一連の調査の結果、禅を修めた者の多くは「思慮分別の作用に変化あり」、特に「知的活動上に進歩を認めた」という。また、身体についても「変化ありと信じ、又はありと推知せるもの」が大半で、このうち「身体の健康を増加したりと信ずるもの」が最多であったと入谷は述べる。禅には心と身体の両面でポジティブな効果が認められる、というわけだ。

同書の結論として、入谷は、「宗教的経験は精神の満足を求め、精神的に向上せむが為《た》めに行はれる人間経験の一面であつて、其《そ》の目的を達せむが為めに特定の修行を用ふる」と指摘する。また、修行とは「特定の身体的形式を用ひ、精神的には或《あ》る手段を用ひ、注意状態の連続に依《よ》り、特定時の修練を経て、生来慣用し来れる知的活動を休息せしめ、無意識状態に到達し、以《もつ》て其処に推理、想像の仮定に頼らず、直接に理想の存在を認得するものである」と位置付けた。

すなわち、入谷の見るところ、宗教の目的は精神の満足と向上にあり、そして坐禅をはじめとする修行とは、自己の身体の操作を通して、自らの精神をそうした理想の状態に移行させるための方法なのである。禅寺などでこれまで伝承されてきた、悟りの本質とそこに至るための道程が、ここでは心理学の観点から分析的に再定義されている。

「心理的体験」としての禅

その後に刊行された、心理学者による禅に関する著作としては、黒田亮《くろだりよう》『勘の研究』(一九三三)が注目に値する。黒田は、入谷とほぼ同時期に東京帝大で心理学を専攻し、京城帝国大学教授を務めていた時代に、この本を出版した。剣法や世阿弥《ぜあみ》の芸道論、老荘思想に依拠しながら、そうした東洋文化に共通する「勘」の心理学的な考察を試みた、ほかに類書のない作品だ。禅の悟りもまた、この「勘」の一種として黒田は理解する。

同書によれば、「第六感」、「虫の知らせ」、「霊感」、「悟り、禅、三昧《さんまい》」、「以心伝心」などは、いずれも「勘」に関連した現象である。その「勘」の特質について、直覚や無意識に関する各種の心理学説の応用や、様々な東洋文化からの学びをもとに研究した結果、黒田は、人間の意識の構造に関する独自の理解を得るに至った。

黒田はこうした独創的な研究を試みながら、禅を宗教から科学の側に引き寄せようとする意欲を強めた。彼は次のように論じている。

　禅はわれわれの実践生活と最も深い関係を持ち、いわゆる宗教的臭味《しゆうみ》の比較的稀薄《きはく》な一種の哲学とも考えられるものである。もっともかの悟道《ごどう》の境地はその性質において安楽の浄土と変わりのないものであつて、その意味から禅を宗教でないと断定するのは間違いであることはもとよりであるけれど、禅は他の宗教とは違って、これを宗教的現象としてよりも、より多くある特殊なる心理的体験の分析もしくは理解として見なしうる一面を備えているように私には思われる（黒田一九八〇）。

禅を一種の「心理的体験」とする見方については、既に見てきた元良や入谷たちと何ら変わりがない。だが、黒田はさらに踏み込んで、禅は他のどの宗教よりも「宗教的現象」から遠い、世俗の生活と地続きの現象だ、と主張する。仮にこのような黒田の主張が妥当であるならば、宗教にそれほど精通していなくても理解できるはずの禅こそが、心理学的に最もアプローチしやすい宗教だということになる。もっと言えば、場合によっては心理学者こそが、生半可な宗教家よりもむしろ禅を論じるにふさわしい主体だとする意見すら出てきそうである。

黒田に関しては、さすがにそこまで大胆な意見は提示していない。「禅を宗教でないと断定するのは間違い」という認識を、彼は崩さなかった。しかし、戦後になると、禅について宗教家と同等か、あるいは宗教家よりも正確に理解できると自負する科学者たちが出現する。禅はまずもって宗教（仏教）であるとする前提すら疑い、既存の宗教とはまったく異なる視点から、禅の本質を語る人々が台頭するのだ。

とはいえ、こうした戦後の展開について見る前に、戦前の仏教者による禅の科学について一《いち》瞥《べつ》しておきたい。

仏教者による禅の科学

禅の科学の先駆者は、実は科学者ではなく禅僧である。幕末から明治初期にかけて、西洋由来の医学や生理学の知見に基づき、禅仏教を再建しようとした僧侶がいたのだ。原坦山《はらたんざん》（一八一九〜九二）である。その立論はかなり特異な性格のものであり、後世の禅僧や科学者には、直接的には継承されなかった。しかしながら、彼のあまりにも先駆的な業績については、ここで簡単に紹介しておくべきだろう（吉永二〇〇六）。

坦山は、武士の息子として、はじめ儒学を修めたが、禅僧との論争に敗北したのをきっかけとして、曹洞宗《そうとう》の禅僧となる。ところが、今度は蘭学《らんがく》を身に付けた医師との論争にも負けて、仏教の心身論の限界を悟った。そこで彼は、西洋の生理学に学び、その知識を仏教思想と組み合わせて、仏教の真理性を改めて強調しようと試みたのである。

坦山はこう論じる。仏教は、「覚心（悟り）」と「不覚心（無明《むみょう》、無智《むち》）」の真理を的確に説いている。だが、こうした心のメカニズムが、人体の働きとどう対応するのか、この点については仏教のなかでは十分な説明がなされていない。この不足点は、西洋の生理学の知見によって補いうる。「覚心」は脳、「不覚心」は脊髄《せきずい》へと位置付けが可能なのだ。後者（脊髄）から生まれる不純な流体が前者（脳）に浸《し》み込むと、煩悩が生まれ、人間は苦しむ。逆に、この人間の体内の不純物の流れを切断できれば、悟りが開かれる。そして、その悟りの状態を達成するためにこそ、人間の心と身体のメカニズムを検証する方法としての、禅の瞑想が必要なのである。

こうした坦山の理論は、蘭学者や他の保守的な僧侶たちとの対決のなかで作り上げられた、かなり独特のものである。坦山はこれで科学と禅仏教を統合しえたと確信していたようだが、彼の意見に同意してくれる人は、そう多くはなかった。とはいえ、仏教の教義や禅の瞑想法を、生理学による人体の解説と結合する試みとして、彼の「身理的禅」は、間違いなく時代に先駆けていた（リシャ二〇二〇）。

坦山の後にも、別のかたちで禅仏教の説明に生理学や心理学を援用する仏教者たちが出現する。たとえば明治後期には、釈宗演と鈴木大拙が、坐禅による心身改善の原因を、血液循環説やジェームズ―ランゲ説（身体の変化が情動の働きを生むという心理学説）から説明している（宗演ほか一九〇八）。あるいは、『冥想論』（一九〇五）などの著書がある在家仏教徒の加藤咄堂《かとうとつどう》もまた、生理学や心理学の応用によって坐禅に新たな光をあて、仏教の枠組みを超えた普遍的な瞑想法の一種として、坐禅をとらえ直した（栗田・吉永二〇一九）。

このような禅仏教と科学の接続に積極的な仏教者たちは、当然というべきか、一部の革新的な立場の人物がほとんどである。他の大多数の禅僧たちは、こうした動向に無関心か、あるいは批判的である場合が多い。さらには、革新的な仏教者のなかにも、禅と科学の結託に疑念を抱く人物がいた。当初はこうした動きに共感していた鈴木大拙もその一人で、これについては後述する。

脳波測定という新たな武器

一九六一年、八つの大学の研究者が協力し、文部省（当時）の科学研究費助成事業による共同研究「禅の医学的・心理学的研究」を立ち上げる（岡田一九六九、加藤一九九九）。禅の科学は、ここにきて国家の助成金を用いたプロジェクトと化したのだ。このプロジェクトを主導したのは、東洋大学の心理学者、佐久間鼎《さくまかなえ》（一八八八～一九七〇）であり、ほかに主要なメンバーとして、心理学方面では、佐藤幸治（京都大学）、片岡仁志《かたおかひとし》（同）、秋重義治《あきしげよしはる》（九州大学）、医学方面では、笠松章《かさまつあきら》（東京大学）、高良武久《こうらたけひさ》（東京慈恵会医科大学）、杉靖三郎《すぎやすさぶろう》（東京教育大学、後の筑波大学の母体）、高木健太郎《たかぎけんたろう》（名古屋大学）らがいた。

この共同研究では、禅への複数の科学的なアプローチが試みられた。なかでも新鮮な方法として取り入れられたのが、脳波測定である。坐禅中の人間の脳波を測り、禅の効果の有無を確かめるという方法だ。瞑想中の脳波測定の可能性については、プロジェクトを率いた佐久間が戦前から唱えていたが（佐久間一九四八）、それが実現されるのは戦後になってからである。

「脳波（Electroencephalogram）」を世界で初めて科学の俎上《そじょう》に載せたのは、ドイツの神経学者ハンス・ベルガーだ。一九二四年、彼は、人間の脳から規則的な電気振動が出ており、これを増幅させて記録すると、波のかたちで可視化できることを発見する。ベルガーは、これらの波にα《アルファ》波やβ《ベータ》波といった名前をつけ、一九二九年に論文として発表した。ここから脳波研究が始まる。以後、様々な研究者の実験によって、脳波測定を行えば脳の機能や障害について解明できることがわかってくる。かくして、人間の精神の働きを、脳の状態の変化から理解するという発想が、広く普及していくのだ。

戦後日本の科学者たちは、こうした発想の禅への応用を試みたわけである。東京大学の笠松章の指導下で研究を進め、一九六〇年に博士論文『坐禅の脳波的研究』で学位を取得した、平《ひら》井富雄《いとみお》（一九二七〜九三）の証言から、その初期の実態を確かめてみよう（平井一九八二）。

一九五五年、平井らは曹洞宗の峯岸応哉《みねぎしおうさい》の協力を得て、熟練の禅僧一四名を被験者とした脳波測定の実験を行う。実験の場は、東京都港《みなと》区、青松寺《せいしょうじ》の地下道場だ。東大の研究室にあった関連の機材がすべて禅堂に持ち込まれ、そこは「座禅と脳波学のドッキングする場所となった」。ベテランの禅僧たちの頭に、脳波を測るための電極が装着され、前代未聞の実験が開始される。三か月にわたって収集された脳波の記録は膨大な量となり、これに基づく学術論文が作成された。

平井によれば、坐禅中の僧侶たちの脳からは、まずα波、次いでθ《シータ》波という振幅の大きい脳波が確認された。通常の意識状態から、坐禅によって徐々に意識の変化が生じ、それが持続することで意識の転換が起こることがわかったのだ。この発見をもとに、平井は「禅定による三昧境、禅定の境地、あるいは「明鏡止水の如し」と呼ばれている心的状態と、一連の脳波変化が対応するのが、ここで究極的に確認されるにいたった」と結論づける。

その後、平井はさらに臨済宗の居士禅《こじぜん》（僧侶ではない一般の修行者による禅）の実践者たちからの協力も得て、彼らの脳波測定を行う。結果、修行年数のより長い熟練者ほど、瞑想中の脳波の変化が顕著なことがわかった。これらの実験を踏まえ、平井は次のように主張する。

精神医学・脳科学の立場から、さらに推論すると、座禅によって意識状態と、その根底をなす脳機能が変化する。そして、その変化の方向性は、これまで例をみない特異性を持つものであり、座禅がたんに宗教的・神秘的性格をはなれても、なおかつ普遍性を持つところの「心的状態」の現われであると解することができるのである。

脳波測定という新たな武器を手にしたことで、科学者たちは、宗教から切り離し可能な心理現象として禅を語りうるという確信を、ますます強めたわけである。

宗教に対する科学の優位

一九七四年、平井は『坐禅健康法―最新脳医学が解明した神秘の世界』（ごま書房）を刊行する。坐禅を「宗教」ではなく「心身の健康法」として打ち出し、競争社会で疲弊するビジネスマンをはじめとする現代人に、ストレス解消や心身の強化に役立つものとして、坐禅の効能を説明した本である。もちろん、同書には平井が脳波研究から得た知見が、随所で活用されている。「私は、「脳波」と「坐禅」の関連を研究し、分析し、ついに、「坐禅」によってアルファ波を自由につくり出すことができることを発見したのです」といった調子だ。

そして、同書に明らかに見て取れるのが、坐禅は科学によってその効果が証明されたがゆえに価値がある、という著者の認識である。平井はこう論じる。坐禅という精神鍛錬法の意義については、これまで禅僧らによっても説かれてきた。だが、それらは「ともすると非科学的な一人よがりと考えられがち」であり、万人には通じにくかった。しかし、いまや科学の力によって坐禅の効能を証明しうる。ゆえに、坐禅の意義を科学的に見直すべきだろう。

見直すということは、坐禅のなにもかもを、無条件に受け入れるということではありません。むしろ、科学の目で見ることによって、坐禅のどこをほんとうに重要視すべきなのか、省いていいところ、簡略化していいところはどこなのか、がはっきりします。と同時に、いままで気づかなかった新しい坐禅の意義も発見されるでしょう。

坐禅のどこに意義があり、どこはそうでなく、何を残して何を捨てるべきか、それを決めるには「科学の目」が必要だ。平井はそう述べている。坐禅の良し悪しを決定するのは、仏教（宗教）の思想や伝統ではなく、科学の見識だという、見ようによっては傲慢《ごうまん》な認識が、ここでは実に率直に示されている。

こうした宗教に対する科学の優位性を示すような見方は、平井の師である笠松章（一九一〇～八七）にもあった（笠松一九七四）。笠松は、宗教と科学が見通そうとする真理の世界は、必ずしも重ならないと留保しつつも、「宗教が、ときに陥りがちな独断や偏見を是正するのに、自然科学からの発言が役立つこともありうる」と指摘する。そして、脳波研究をはじめ、坐禅による身体の生理的変化に関する科学の知見を紹介し、その上で次のように提言する。最近では欧米諸国で禅に対する関心が高まっているが、その伝統を外国人に正しく伝えるのは困難であり、ここでも科学の力を用いて問題を解決すべきではないか、と。

脳波その他生理学的検査にみられるような科学的知見は、万国共通の国際語のような性格をもっているので、これを使って、外国人の禅についての理解を容易にすることもできるのではないかと考える。われわれの研究成果が、この目的に多少でも役立つならば幸いで、〈衆生済度〉の仏の慈悲にも副《そ》うものでなかろうか。

禅を外国人に伝える際、しばしば言語の壁が生じ、東洋（日本）の文化を西洋の人々に伝達するのは容易ではない。伝統文化としての禅の、細かなニュアンスを翻訳するのは難しいからだ。対して、科学は「万国共通の国際語」であるため、禅の効果の科学的な分析は、どの国の人々にも伝わりやすいはずである。そう述べる笠原は、現代の世界において禅の普及に最も貢献できるのは、仏教の教えではなく科学である、と考えていたようにすら思える。

戦後の科学者たちのなかには、平井や笠原のように禅を科学の側から一方的に評価するだけでなく、むしろ、科学もまた禅に学ぶべきだとする人物もいた。笠原らと共同研究を行った、生理学者の杉靖三郎（一九〇六〜二〇〇二）はその一人で、彼は禅や道元《どうげん》の思想に基づく「真の科学」のあり方を模索するなどした（杉一九六〇）。杉のこうした方向性については、王陽明《おうようめい》や道元の思想を背景に「知行合一《ちこうごういつ》」の科学を提唱した橋田邦彦《はしだくにひこ》（一八八二〜一九四五）の影響が大きいが（吉仲一九八四）、ここでは立ち入らない。

いずれにせよ、禅と科学の接近は、脳波測定の技術が援用されるようになった一九五〇年代後半から、新たな段階に入ったと言えるだろう。そして、両者が接近し過ぎたために、ときに科学者と仏教者たちのあいだで反発が生じもした。佐藤幸治は、その最たる当事者の一人である。

2　インスタント禅とＬＳＤ――佐藤幸治

まったく新しい禅の見方

佐藤幸治（一九〇五～七一）は、京都大学教授などを務めた心理学者である。学生時代から京都の僧堂に通っていた佐藤は、日中戦争のなか心身が不調となった際、白隠の『夜船閑話』を参考に内観の瞑想を試みたことで、気力と体調を回復する。この経験を契機として、彼は禅をはじめとする瞑想法の科学的な研究に取り組むようになる。その研究成果を、一九六〇年代に『心理禅―東洋の知恵と西洋の科学』（創元社）や『禅のすすめ』（講談社現代新書）などの著書で一般向けに解説し、数多くの読者を得た。

なお、佐藤の『心理禅』に先立ち一九五八年には、医師の長谷川卯三郎が『医学禅』（創元社）を刊行している。同書は好評を得て瞬く間に版を重ね、一九六四年には同じ出版社から続編『新医学禅—肚をつくる禅』が出ている。禅の科学が、専門家のあいだだけでなく、一般的にも広く支持された時代であったのだ。

一方、佐藤は一九六〇年以降、アメリカを中心に世界各地（カナダ、イギリス、ドイツ、インド、オーストラリアなど）をまわり、現地で禅に関する講話を繰り返し行ってもいる。また、国外の研究者たちと交流して、禅への理解を独自に深めた。後述のとおり、こうした彼の禅を通した国際交流は、鈴木大拙を筆頭とする二〇世紀の仏教者らによる活動と呼応しあうものである。

佐藤は、自身の考える「禅」とは次のようなものだと語る。半世紀以上前の文章だが、伝統仏教からこれほど自由な禅の語りは、今見てもどこか斬新《ざんしん》に感じられて興味深い。

私の考える禅は、禅宗が亡《ほろ》びても、二十億光年とか五十億光年とかの拡がりをもつという宇宙に、地球のような天体が何千かあり、その中には人類のようなもののいる可能性も多分にあるという、その人類のようなものの発展とともにやはり禅のようなものが出現するとも考える、そういう禅である。その根本は、生活を整え、身体を整え、心を整え、自己と宇宙との根源的関連を体験自覚し、あらゆる先入見偏見を打破して、如実に現実を見ると共に、万事に対する深い愛情をもつて、そのために献身的に尽すという生き方である（「禅について思う」『大乗禅』五一九号、一九六六年）。

禅を東洋（日本）に固有の宗教とせず、それどころか地球に独自の文化ともせず、人類のような存在がこの世にいる限り、必ず出現するはずの何かだと理解するのだ。具体的には、人間が自己の心身を整えて、現実をありのままにとらえ、利他的にふるまう生き方が「禅」だと論じられる。かなり抽象化された禅の語りだが、こうした宗教や文化の伝統を捨象した禅の理解こそ、佐藤の魅惑的なアイデアの根幹であり、また、彼への厳しい批判を呼び寄せた原因でもあった。

たとえば、佐藤の『心理禅』には、禅による心身の調整が、いかに仕事の「作業能率を高め、事故を減少させる」かについて説明する部分がある（佐藤一九六二）。ここで佐藤は、太平洋戦争中の一九四四年に視察目的で訪れた、熊本のある工場の例を挙げる。その工場では、毎日の朝夕に坐禅を実施することで、生産性を上げているのだという。佐藤が現地に行って確かめたところ、そこでは朝夕の静坐《せいざ》や般若心経《はんにゃしんぎょう》の読誦《どくじゅ》のほかに、戦時下ということもあり、天皇への帰依心を高めるために日本の神を拝む「行」がなされていた。

佐藤は、こうした「皇道禅」は戦後社会にはふさわしくなく、改めるべきだと述べる。しかし他方で、その「禅」の活力は、「身体的な技術を生かすと共に創造的な知的活動の根源力」となっていたという意味では、「現在の僧堂における禅」よりもむしろ、禅の本質をよくあらわしていた、と論じる。

この熊本の工場で行われていた「禅」は、禅僧の指導が入ったものではなく、様々な「行」のパッチワークであり、伝統的な基準では「禅」とは言えないだろう。しかし、佐藤はそれが仕事の能率や創造性に寄与しているかという基準から、これを寺院僧堂での禅よりもむしろ真に迫った「禅」だと評価したのである。戦後社会に台頭した、「禅」をめぐるまったく新しい見方が、ここにある。

心理禅とインスタント化

こうした佐藤の「心理禅」に対しては、必然の成り行きというべきか、禅僧たちからの批判が寄せられた。著名な臨済宗僧侶である大森曹玄《おおもりそうげん》（一九〇四～九四）は、「心理禅」は「外道禅」だとし、それは「変態的な心理状態」を「悟り」と勘違いしているだけで、「真正の禅」にはほど遠いと退ける。そして、本当に求めるべきは「心理禅」ではなく「真理禅」であって、それは「霊徳もなく証拠もない」ものだ、と結論づける（「心理禅と真理禅」『大乗禅』四七九号、一九六二年）。

あるいは、鈴木大拙に師事し、後に臨済宗僧侶となる秋月龍珉《あきづきりようみん》（一九二一～九九）もまた、佐藤が提示する「禅経験の心理学的研究」に一定の理解を示しながら、他方で一部に見られる「禅に対する一種の心理主義的解釈」に関しては、不信感を持っていると明言する。その上で、秋月は「心理禅よりも体理禅の究明が望ましいと思う」との自説を述べた（「編集後記」『大乗禅』四七九号、一九六二年)。

両者ともに、禅の内実を「心理」状態からのみ語る傾向のある佐藤の考えに疑念を呈し、特に大森のほうは、禅がもたらすプラスの効果を強調してやまない佐藤の姿勢に、大きな疑問を抱いたのである。

佐藤は、両者からの批判に即座に応答した。自己の「心理禅」に対し「体理禅」を立てた秋月に向けては、仏教やキリスト教などの世界宗教は何よりも心を重視するのであり、秋月の禅に関する理解は「この心の偉大さ、涅槃《ねはん》妙心を忘れ、肉体主義に陥る」危険性は無いか、と問いかける。一方、自分の「心理禅」を「外道」と断じ、代わりに「真理禅」を説いた大森について、佐藤は次のように痛罵《つうば》している。

本当の仏道に立つ禅から言えば、真理などというものはその一面にすぎない。慈悲を忘れた真理禅などというものも、結局、体理禅と同じく、仏道禅からみれば外道禅か邪道禅ではないのか(「真理禅・体理禅・仏道禅—禅についての覚え書(二)」『大乗禅』四八二号、一九六三年)。

大森が、ただ真理を求めるのが禅だとするのに対し、佐藤は、真理だけではなく何らかの効能がなければ、人々への「慈悲」を欠いており、それは「仏道」に外れるのではないか、と反論しているわけである。どちらの主張が正しいか、それはここでの関心事ではない。重要なのは、心理学者であるはずの佐藤が、禅僧の大森に対し、「本当の仏道に立つ禅」を説いたという事実である。場合によっては仏教者よりも科学者のほうが禅を正しく論じられるという、既に触れてきたような近現代的な信念が、ここにも明瞭《めいりょう》に見えるのだ。

佐藤は、「心理禅」とは別の角度からも批判を浴びた。それは、佐藤が高く評価した曹洞宗僧侶の石黒法龍《いしぐろほうりゅう》とともに彼が推進した、「早期見性法」をめぐってである。これは、わずか五日間の修行で見性すなわち「悟り」を体験させるための方法であった。この素人にも浅薄に思える方法は、多くの禅僧たちの認めるところではなく、たびたび苦言を呈されている。これについては、仏典翻訳家の大竹晋《おおたけすすむ》が「容易に得られるくらい敷居を引き下げられた悟り体験が却《かえ》って悟り体験でなくなってしまうことは明らかである」と的確にまとめている（大竹二〇一九）。

ただし、大竹も指摘するとおり、佐藤らが「早期見性法」を推奨したのは、あくまでも善意に基づく。できるだけ多くの現代人に「悟り」を得させ、それにより人々の意識を改良し、ひいては世の中を改善しようと試みたわけである。

佐藤はこう語っている。現代は「インスタント時代」であり、どんな場面でも能率が重んじられる。それに対して禅は、能率などを否定し忘却して、修行に没頭する。そうした禅のスタンスは非常に良いことだが、一方で、目まぐるしい現代社会を生きねばならない私たち自身のことを考えたとき、禅もまた能率化するのが望ましいに違いないだろう、と。

禅を能率化する、あるいはインスタント化することは、それは禅の方方の仕事ではなくわれわれ心理学者にあたえられた大きな課題、仕事に必然的になつてくる。そうすると、たとえば禅の悟り、見性というようなものをどうすればもつとも早く実現できるかという問題も自づと起つてくる（「禅の心理学」『禅文化』二三号、一九六一年）。

佐藤による禅の「能率化」が、善意とともに、科学者としての彼の使命感に基づき行われていたことが、はっきりとわかる記述である。

ＬＳＤによる「悟り」

とはいえ、そうした善意や使命感は、必ずしも正しい結果をもたらすわけではない。逆に、どう見ても間違った方向に作用してしまう場合もあるだろう。佐藤は、ＬＳＤ（日本では一九七〇年まで合法）のような薬物も、用い方によっては禅の悟りを導く「即効薬」となる、という見解を示し、これまた物議をかもしたのだ。

一九六〇年に渡米した際、佐藤は同国の臨床心理学者ヴン・ドウゼン博士の話を聞き、ＬＳ

Dに関心を抱く。帰国後、京都大学の同僚で精神医学者の加藤清《かとうきよし》がこれを研究していると知り、加藤の付き添いのもと、佐藤は少量（五〇ガンマ）のLSDの服用を試みた。結果、「壁面に掛けた法隆寺の金堂の壁画の観世音菩薩《ぼさつ》の像が非常に生き生きと見えてきた」り、「窓外の樹木を見ていると、まさに自分が樹木になつて」しまうような体験をしたという。そして彼は、これらの体験——とりわけ庭の木と自己が一体化する体験——を禅書の『無門関』に描かれる悟りの境地（「庭前柏樹子《ていぜんはくじゅし》」）と重ね合わせたのである（「真実の自己と庭前の栢樹—禅についての覚え書（二）」『大乗禅』四八五号、一九六三年）。

佐藤が雑誌『大法輪』でこの種の見解を公表したところ、破有法王なる人物がこれを「迷妄」と非難した（「禅界を毒する学者の禅談議」『大乗禅』四七五号、一九六二年）。それに対し、佐藤はやはり即座に反論する。いわく「自称「法王」氏も、私の立言に対して云々するとすれば、先《ま》ず自ら進んでLSDを試みよ。而《しか》してその体験と、見性体験とを比較せよ。禅者の道は言句に拘《かかわ》らず、その体験によつて立言するにある」のではないかと（「自称「法王」氏に答える」『大乗禅』四七九号、一九六二年）。これを読んだ「法王」氏がLSDを試みたかどうかは、定かではない。

佐藤は、より多くの読者の目に触れる本のなかでは、LSDは「研究上はなかなか貴重な薬だと思いますが、一般にはお勧めできないと思います」と注意深く書いている（佐藤一九六四）。とはいえ、戦後に台頭した禅の科学者たちのなかで、彼ほどLSDの服用に前向きだった人物はいないだろう。彼がそうした態度をとるに至った理由としては、おそらく、ＬＳＤの使用によって禅の「悟り」に通じる宗教的な体験を得ようとする人々が急増していた、当時のアメリカの現状をよく知っていたことが大きいだろう。

サイケデリック体験と神秘主義

ＬＳＤは、スイス人の化学者アルバート・ホフマンによって合成され、一九四三年に幻覚剤として発見された。アメリカでは、一九五〇年代にＣＩＡが自白剤として利用するための研究を進め、また精神病の治療薬としての応用が試みられた。一方で、これを自己の精神や認識を拡張するための方法、あるいは神秘体験をカジュアルに得るための手段として使用する者たちが出てくる。さらには、いわゆるビート世代の作家たちや後続のヒッピーら、既存の体制への抗議を試みた人々が、ＬＳＤによる意識の変革を唱えたりもした。こうしたことから、ＬＳＤは、カウンター・カルチャーをもり立てるための便利なアイテムの一種と化したのである（リー&シュレイン一九九二）。

ＬＳＤが精神の拡張ないしは神秘体験を獲得するための手段として評価されるきっかけとしては、英国出身の作家オルダス・ハクスリー（一八九四～一九六三）の存在や著作の影響が大きい。ハクスリーは、一九五三年にカリフォルニアのハリウッド・ヒルズにあった自宅で、精神科医の立ち会いのもと、メスカリン（幻覚剤）を試す。その経験から、ハクスリーは宗教家の神秘体験や天才的な芸術家が表現する美の世界を、幻覚剤の使用により追体験できるという気づきを得て、その感想を『知覚の扉』（一九五四）に書き記した。

同書では、メスカリンはあくまでも神秘的な世界の入り口を見させるだけで、「完全で最終的な解決は当を得た行動と自然に研ぎ澄まされた当を得た絶えざる注意力」を持つ人間でなければ達成できない、と慎重な議論が展開されてはいる（ハクスリー一九九五）。しかしながら、同書はLSDをはじめとする幻覚剤による意識の転換を志した人々に、多大なインスピレーションを与え、二〇世紀後半のアメリカ社会に少なからぬ変革をもたらした。

そうした変革の主役の一人が、心理学者のティモシー・リアリー（一九二〇〜九六）である。一九六〇年、当時ハーバード大学で教職にあったリアリーは、メキシコ産のマジック・マッシュルームを口にしたり、キノコから合成されたシロシビン（精神作用のある分子）を錠剤で服用したりしたことで、精神状態が一新される体験をする。それからウィリアム・ジェイムズの著書やハクスリーの『知覚の扉』を読んだリアリーは、LSDなどの薬物が可能にする「サイケデリック体験」を研究するためのプロジェクトを、ハーバード大学で開始した。

やがて、リアリーはアメリカ社会を根本的な次元から変えるために、大学の壁を越えてLSDの普及に努めるようになる。かくして、プロジェクトは科学的な研究から遠のき、ある種の社会運動としての性格を帯びていく。一方で、リアリーはチベット密教の書物を読みあさったり、ヒンドゥー教の僧院に通ったりしながら、サイケデリック体験と神秘主義的な信仰との関係を黙想した。そして、ついには大学から追放されたリアリーは、「LSDの高僧」として、一九六〇年代以降のドラッグ・カルチャーの教祖の一人となったのだ（トーゴフ二〇〇七）。

アメリカの禅とLSD

リアリーらが主導したドラッグ・カルチャーには、アレン・ギンズバーグ（一九二六〜九七）やジャック・ケルアック（一九二二〜六九）ら、ビート世代の作家たちも積極的に参入した。ビート世代は、一九五〇年代後半から六〇年代前半ごろ、近代の物質文明やアメリカの保守的な体制に異を唱えて、前衛的な文学・芸術活動に取り組んだ人々だ。彼らは、ドラッグの使用にもかなり肯定的であった。それゆえ、ハーバードでLSDの研究と普及に着手したリアリーのもとにギンズバーグが訪問すると、二人はすぐに意気投合し、ともに世界の精神革命を夢見るようになる。

そして、ビート世代はドラッグや酒、あるいはジャズと同じように、禅を愛好した。それらは、いずれも体制否定の方法として受容されたのだ。ケルアックとギンズバーグは、早くも一九四〇年代から禅に注目しており、一九五〇年代に入ってからは鈴木大拙の著作を読むなど、仏教に関心を持っていた。一九五八年、ケルアックは自身の奇抜な禅思想を語った自伝的な小説 *The Dharma Bums* を発表している（ケルアック一九七五）。

二〇世紀のアメリカでは、日本の禅僧や、あるいは西洋の神学者や哲学者らの活動によって、禅の思想や文化が徐々に浸透してきた（ベンツ一九八四）。なかでも画期となったのが、一九五〇年代の同国における鈴木大拙の大活躍だ。一九五二年にコロンビア大学の教員となった大拙は、以後、ニューヨークを拠点にアメリカ東海岸の大学で繰り返し講義を行い、絶大な支持を集める。一九五七年には『ニューヨーカー』でも大拙の評判が記事となり、翌年には噂を聞き付けたケルアックとギンズバーグが、大拙のもとを訪問し対面を果たしている（山田二〇一五）。

このように、当時のアメリカ東海岸では、ＬＳＤなどのドラッグ・カルチャーと、禅の文化が、何人かのキーパーソンを通して交差する状況があったのだ。これに関する重要人物としては、ほかに哲学者のアラン・ワッツ（一九一五〜七三）がいる。禅をはじめとする東洋思想の、西洋への移入に尽力した人物だ。

ワッツは、ケルアックらの「ビート禅」には否定的であり、それは「文化的社会的秩序からの反逆」を示しているに過ぎず、禅の正しい表現として適当でないと切り捨てた。また、ＬＳＤ等の薬物が引き起こす神秘体験についても、当初は懐疑的であった（ワッツ一九七四）。

ところが、一九五〇年代末に実際にＬＳＤを試してみたことで、彼は認識を改める。心身の感覚を研ぎ澄まし、世界に深い意味を与え、自己の哲学を深める手段としてＬＳＤは有効であり、しかも、使用後に心身に悪影響を及ぼす危険性も少なそうだ、といった意見を述べるようになるのだ（Watts 1960）。アメリカでの禅の普及に、ワッツはかなり大きな役割を果たしたので、彼のこうしたＬＳＤ擁護の発言は、少なからぬ人々の考えや行動を左右したものと思われる。

インスタント禅からの脱却

以上のようなアメリカの動向を踏まえた上で、佐藤幸治は、ＬＳＤの体験と禅の「悟り」をほぼ同一視するに至ったのである。こうした佐藤の見解については、当時からも批判があったわけだが、少し時がたちＬＳＤの有害性が広く認識されるようになると、より明確に間違いだったとの指摘がなされた。たとえば、先に紹介した禅の科学者の一人である平井富雄は、佐藤の誤りを次のように解説している。

晩年の佐藤教授が、幻覚剤によってもたらされる人工的境地を、「悟り」として紹介されたのを私はすこぶる残念に思う。このために、インスタント禅という言葉が生まれ、アメリカのヒッピーが、禅的悟りを求めて、ＬＳＤ25を狂奔して服用したが、所詮それも束《つか》の間《ま》のこと。薬の作用が消えると、あとにはぐったりした疲労感、空白感、それにアパシー（無欲）しかなく、彼らはいっそう絶望の底に沈んでいった（平井一九七九）。

「インスタント禅」は、佐藤が独自に開発したというより、アメリカの動向に佐藤が呼応したようなかたちだろう。いずれにせよ、ＬＳＤで「悟る」という、逸脱的かつ有害でもある禅の理解の普及に、佐藤が加担してしまったという事実は否定できない。

ただし、一方で佐藤は、自分が推進する「インスタント禅」には欠陥があるのではないか、との考えも抱いていた。彼がそう考えるようになったのは、最晩年（九五歳）の鈴木大拙と交わした会話がきっかけである。ある面会の日、大拙は佐藤に対しＬＳＤに関する意見を述べ、「禅の本質はそんな異常の経験」にはなく、「〝人（にん）〟が根本である」と語ったのだという（「禅の見性体験とＬＳＤ25」『教育心理』一四巻九号、一九六六年）。

この会話の後、佐藤は、ほかの大拙の発言も意識しながら、禅にとって肝心なのは、個々人の「日常の生活のしかた」なのではないか、との考えを次第に強めていく。それから、以前の『心理禅』のような著作とは、だいぶ異質の本を彼は書いた。それは、生死の問題に直面した一人ひとりの生き方にこそ、真理を探るという趣旨の本である（佐藤一九六八）。大拙との対話を契機として、佐藤は「インスタント禅」の安直さから脱却できたと言えるだろう。

かくして佐藤を「回心」させた大拙は、禅とその「悟り」の体験や、仏教と科学の関係について、どのような見識を持っていたのだろうか。

3 「悟り」は科学できるか——鈴木大拙

大拙による禅の心理学

鈴木大拙は、心理学に多大な関心を寄せ、そこから多くを学んでいた。とりわけウィリアム・ジェイムズからの影響は顕著であり、また大拙の無意識に関する見解は、ユングのそれに通じる部分がある（村本二〇〇三）。禅を語る際にも、その心理状態や体験性にこだわる傾向が、大拙の場合は非常に強い。この点は、心理学者たちの禅に関する議論とも重なる。

禅を、個々人の心理や体験から語りたがる風潮は、実は近代的なものである。前近代の禅僧たちは、自らの心や内面の事情について、あまり饒舌《じょうぜつ》には語らなかった。師弟関係のなかで口伝えには語られたのかもしれないが、文章で書き残すことは少なかった。ところが、近代以降、禅の思想や実践が導く宗教体験や、瞑想による心の変化を、積極的に論じ、書物等で発表する人々が増える。その代表的な論客の一人が、大拙にほかならない。大拙や、彼の盟友の西田幾多郎、あるいは彼らの影響下にあった者たちによって、禅は、僧堂で継承される儀礼的な文化から、「悟り」という心や内面の状態へと、その中心的なイメージを変えていったのだ（Sharf 1995a）。

こうした点でも、禅を特に心理面から説明した科学者たちと、大拙はかなり近いところにいたと言える。とはいえ、大拙の禅に関する議論は、他の大勢の科学者たちによる禅の心理分析とは、明らかに異質である。どのように違うのか。『禅と念仏の心理学的基礎』（一九三七）と題された、一見すると心理学者による本かと見まがうような大拙の著書から、その内実を確かめてみよう（鈴木一九六八a）。

「禅は悟を以つて始まり悟を以つて終る。悟の無き処に禅は無い」と断言するとおり、大拙の見るところ、禅の最たる目的は「悟（り）」の達成にある。そして、「悟り」に達した人間は、「彼岸（the Beyond）意識」を獲得する、と大拙は述べ、これは一種の心理状態だとした上で、その性格を解説する。

次いで大拙が論じるのが、こうした「悟り」の意識状態は、いかなる「心理的先行条件」のもとに到来するのか、という点である。そして、この「悟り」へのプロセスともいうべき心理の捉《とら》え方に関する考察が、大拙の議論を他の科学者たちのそれと区別する、大きな要素の一つだと言える。

鈴木大拙
（朝日新聞社提供）

禅の師匠たちは、弟子に様々な課題や試練を与え、弟子たちはこれらの課題を解決し試練を乗り越えることで、「悟り」を得る。こうした経験は、心理的には、人が哲学や数学の難問を解こうとして精神を集中し、遂《つい》には苦境から脱して答えを導くプロセスと同様である。したがって、これらのプロセスは「心理学の関する限り、同一の法則で説明出来る」と大拙は論じる。

しかしながら、と彼は続ける。「宗教経験の特殊性は、それが一個人の全存在を包含し、彼の性格をその根本基礎から転回するといふことである」。そして、個々人による宗教経験は、キリスト教徒であれば「基督教的信仰《キリストきょう》」の言葉で、仏教徒であれば「仏教的哲学」の言葉で記述される。よって、「禅教徒」にとっての「禅経験の先行条件」もまた、禅に固有の教義や観念によって包摂されるだろう。

ここで大拙が強調しているのは、宗教経験の心理の普遍性と、経験の受け止め方の固有性の違いである。「悟り」として語られる宗教経験の心理は、キリスト教の信仰に生きる人のなかにも、同等のものを見出《みいだ》すことが出来る。さらには、哲学や数学の難題に挑む人の心理にも、十分に通じる部分があるだろう。だが、宗教経験において最も肝心なのは、その経験と、経験を得るまでのプロセスを、個人がどう受け止めるかという問題だ。そして、その受け止め方は、各宗教が伝えてきた固有の言葉に規定される。ゆえに、それぞれの宗教経験の受け止められ方は、それぞれの宗教伝統ごとに決して同じではない。

禅の伝統で言えば、とりわけ数々の公案（禅問答）の言葉が、「悟り」の経験とその先行条件を決定づける、と大拙は考える。公案の問いは、日常的ないしは合理的な思考法では、解答が困難なものである。そうした異様な問いの前で、禅の修行者が「心身を合せての全体的人格」を働かせ、また「この精神的緊張の異常なる状態が、経験ある師によつて導かれ、成熟せしめられる時」、禅の真理が開かれ、「悟り」がもたらされるのだ。

このような説明の仕方からもわかるとおり、大拙が禅と心身の関係について語る際には、基本的に公案を中心とした「看話禅《かんわぜん》」が想定されている場合が多い。他方、ひたすら坐禅の瞑想に徹する「黙照禅」は、やや軽視される傾向にあった（岸本一九七五）。

とはいえ、こうした大拙の公案ないしは禅の言葉の重視こそが、多くの科学者たちと彼の認識を分かつ、決定的なポイントの一つだったと思われる。上記のとおり、禅の科学を試みた人々は、もっぱら坐禅による心理や生理の変化に注目してきた。もちろん、禅の言葉を扱う科学者もいるが、大拙のように禅の教えや思想の詳細な吟味を行う人物は、皆無に近い。それゆえ、禅とはいかなる心理や経験であるのかについて、その構造や機能の分析にのみ関心を持つ科学者たちと、経験の受容のされ方の内実にまで踏み込む大拙とで、考察の方向性がだいぶ異なるものとなったわけだ。

大拙の宗教観の変遷

そもそも、禅の科学者たちとは異なり、大拙は、禅とその「悟り」を科学で解明できるとは考えていなかった。心理学等による宗教の説明に一定の共感を示しながらも、科学者たちの宗教理解とは常に一線を画したのだ。宗教と科学のすみわけが、大拙の基本的なスタンスである。

ただし、若い頃の大拙は違った。むしろ、宗教と科学の協力に大きな可能性を見出していたのである。青年仏教徒であった二〇代の頃の大拙が執筆した『新宗教論』には、「宗教と科学との関係」と題した章がある（鈴木一八九六）。そこには、「宗教と科学とは衝突するものにあらず又互《たがい》に関係なきものにあらず宗教も真理なり科学も真理なり両者相並び相照らして益々《ますます》其光明を煥発《かんぱつ》すべし」といった、宗教と科学の調和に期待する瑞々《みずみず》しい提言が見える。

当時の大拙には、宗教は科学の力によって改良しうる、という信念があった。既存の宗教のなかには「真偽相混じ」、「真理は非真理と手を携へ」ている。あるいは、宗教はときに「独断的妄信的保守的に流れ」、信者は理性的な判断によらないで、旧来の考えを無批判に受け入れがちである。こうした宗教につきまとう害悪を取り除くためにこそ、科学の力が必要だと大拙は論じた。

　真正の宗教なるものは赤条々に真理を感得したるもの一点の汚垢を止めず嘗《かつ》て科学の洗《せん》滌《でき》を要せずと雖《いえども》今時の所謂《いわゆる》宗教なるものは大抵歴史に根拠して真偽相半ばせるものを其まゝに伝へたり故にかの徒に旧套《きゅうとう》を頑守して時と相移り理と相称ふを欲せざるもの、ために殊《こと》に科学の光明を仮りて妖魔を照破せざるべからず

宗教の問題点を科学で解消し、「真正の宗教」に近づけるべきだ、とするこの大拙のもの言いは、禅を「科学の目」で改善しようと試みた戦後の科学者たちの発想と、大差ない。

若き大拙の『新宗教論』には、師の釈宗演が序を付し、また知人の元良勇次郎の書簡が掲載されている。既に序章で述べたとおり、宗演は仏教の科学性を世界に向けて発信した禅僧であり、また第一章で触れたように、元良は禅などの宗教から、教育に役立つ機能を抽出しようとした心理学者だ。当時の大拙は、こうした宗演や元良と近い考えを持っていたのである。特に、宗演と交流した「科学的宗教」の提唱者、ポール・ケーラスから大拙が受けた影響は明らかだ。これも序章で言及したとおり、大拙は、ケーラスの『仏陀の福音』の日本語訳を一八九四年に刊行している。

一八九七年に渡米し、出版社オープン・コートを経営するケーラスのもとで仕事や研究に努めた大拙は、一九〇七年に英語による初のまとまった本として、*Outlines of Mahayana Buddhism*（『大乗仏教概論』）を発表する。この本は、日本の禅の世界的な唱道者という後世の大拙のイメージとは異なり、西洋哲学にも比肩しうるインド大乗仏教の普遍性を、大拙が独自の観点から概説した著作である（佐々木二〇一六）。そして、同書に描かれる大乗仏教の思想にもまた、ケーラスが構想した「科学的宗教」の痕跡《こんせき》が読み取れる（Sharf 1995b）。

ただし、米国に滞在中の大拙は、次第にケーラスの影響下から抜け出ていく。ケーラスの合理性に傾き過ぎる宗教観への疑念を高め、遂にはそこから脱却するのだ。この方針転換がなされる上で、決定的な役割を果たしたのが、ウィリアム・ジェイムズの宗教論である。ジェイムズの『宗教的経験の諸相』を読んだ大拙は、合理性だけでは語り切れない宗教体験の真相に肉薄するその研究の迫力に、強烈に感化される。宗教学者の吉永進一が指摘するとおり、このケーラスからジェイムズへの転換によって、大拙は「一元的な真理観によって迷信と正信を分ける立場から、より多元論的な宗教観へ」とその認識を一転させたのだ（吉永二〇一六）。

体験の世界と概念の世界

日本に帰国後、英語と日本語の双方で、禅をはじめとする仏教の研究と普及に尽力するようになった大拙のなかで、科学と宗教のすみわけが、徐々に明瞭になる。たとえば『無心といふこと』（一九三九年刊、一九四二年に改訂版刊）を読めば、そうした大拙の立場は一目瞭然《いちもくりょうぜん》だ（鈴木一九六八b）。

悟りを開いた禅僧や信仰に徹した念仏者などが経験できる「無心」の境地。その本質をつかむのは容易ではない、と大拙は述べる。そして、科学者もまたその本質を明らかにしようと挑戦してきたが、十分なところまでは手が届いていないとした上で、彼は次のように指摘する。

> どうも宗教の世界は科学の研究の範囲外にあるやうだ。範囲外にあるといふ意味は、科学の頼りにしてゐる自然科学的方法論では宗教の本体が摑《つか》めないといふ意味である。（中略）それは科学が心の最下層に手を届かしても、さて届かす方法は心の上層に於ける諸々《もろもろ》の現象を取扱ふと同じ方法なのである。それ故その方法の届かないところでは何か又別の

方法がなくてはならぬのである。

彼の見るところ、「無心」という言葉で表現される宗教の世界は、通常の意識のさらに深層の部分で広がる。したがって、通常の意識に基づく科学では、その世界にはアプローチできない。科学とは別の宗教の言葉や理解を経由しなければ、「無心」には決してたどり着けないというわけだ。

大拙の考えでは、そもそも宗教と科学とでは、世界へのアプローチの仕方が根本的に異なる。彼はこう論じる。「無心」の世界は科学的な分別ではとらえられず、体験しないとわからない。それは、たとえば「川の岸へ立つて、水の流れを眺めて、深いだらうか、浅いだらうか、冷たいだらうか、熱いだらうかと、いろいろと想像をたくましうする」だけでは、川の実態がわからないのと同じことである。

宗教では、とにかく飛込んで見るのである。浅いか深いか、温いか冷たいか、自分で体験するのである。科学は自分が実地にそれを体験しなくても、いろいろな機械をつくつたり、いろいろな実験をしたりして、体験の世界のほかに概念の世界をつくりあげる。このつくりあげられた概念の世界の故に、吾等《われら》日常の行事の上に大いに便利を得ることは云ふまでもない。しかしかういふ便利を得るになれて、さうして体験そのものの世界を忘れるのが、吾等の常である。

宗教は「体験の世界」を自己の身で味わい、科学は「概念の世界」を構築して人々に利便を与える。これが、大拙の考える宗教と科学の相違である。科学の力を借りて「真正の宗教」を模索していた若い頃とは、彼の宗教／科学観は、まったく異なる性質のものになったと言えよう。科学に頼り過ぎて体験の世界を見失いがちな現代人の傾向性についてては、むしろ批判的になっている。

宗教の視点から科学への批判精神を説く大拙のスタイルは、戦後になり、なお研ぎ澄まされる。たとえば、一九五七年にメキシコで開催された禅と精神分析に関する国際ワークショップでの、大拙の発言を拾ってみよう（鈴木ほか一九六〇）。大拙は、彼の講演を聴く多くの科学者たちを前にして、「私は禅者で、私のやり方は前科学的なのです」と主張する。あるいは、「後科学的というのも悪くないようだ」と。そして、現代ではときに「科学もしくは概念的思考が人間研究の全領域を占めること」もあるが、そうなったときにこそ、禅の立場が必要なのだと語る。

ありとあらゆる人間活動の全領域における科学力の支配に我々が無条件で我々の身を委ねてしまう前に、〝ちょっと待て〟と禅は言う。〝もう一度お前自身を見直してみよ、物ごとは本来そのままで、それでいいのだ、ということがわからないのか〟と。

人間を超えた科学の力が支配する世界で、個々人が自己の存在に向き合い直すために求められるもの、それが「禅」だと大拙は言うのだ。

では、禅では自己にどう向き合うのか。大拙いわく、それは「見るものと見られるものとが一体になる」という方向である。科学は、すべてを外側から客観的に観察するので、こうしたアプローチをとれない。「自己知とは主と客とが一体になって初めて可能なのだ」。この主客一体的な探究の方法によってこそ、自己の本質は理解できる。そうした自己の本質を、大拙は「人格」という言葉でおさえている。

人格というものは必ず一個の人間の生活の中に如実に生きているものであって、決して概念的に、科学的に定義せられたものの中にあることはできない。（中略）人格が住んでいるのはそんな定義の中でなくて、生きた生命の中に棲《す》んでいるのである。この生命が人間の研究の主題なのだ。（中略）我々がいのちがけで取り組むのは〝この生命とはどこにあるのか〟〝その生命の姿はどんなものか〟ということを自分自身で身をもって発見すること以外にはない。

いまここにいる自己、その本質としての人格、そしてその人格が住む場所としての生命。これらこそ、科学では接近も定義もできず、禅がその所在と性格を明らかにすべきものなのだ。大拙はそう断言する。現に生きている一人ひとりの人間の核心に迫るのが、禅の、ひいては宗教の、科学とは異なる役目なのだと、彼は確信していたように思える。

「無位の真人」の思想

禅の使命をそういった次元に見ていた大拙が、佐藤幸治のような、薬物による「悟り」の達成を喧伝《けんでん》する人々にまったく同意しなかったのは、いわば当然だっただろう。

大拙は、アメリカでのＬＳＤへの注目の高まりや、ハクスリーの『知覚の扉』などに言及しながら、次のように述べる（鈴木一九六六）。「浮き世の憂さを超越したいということ、すなわち様々の条件や業因に縛られて、心の自由さを楽しむことの出来ぬこの世を超克せんとの希望」については、薬物の服用者にも真の宗教家にも、共通する心意である。だが、前者が「薬品の力で、何でも速効をあげんとする」のに対し、後者は「まじめに払うべき努力は、惜しげもなく」払う。

なぜなら、「宗教の宗教たるゆえんは、人間をして真の人間たらしめるところにある」からだ。自らの生活を内面から掘り下げ、自分自身に対する誠を尽くさせるのが宗教であり、「それゆえ、いかなる薬でも、外から加えられたもの、外に見えるものでは、宗教の奥まではいるわけに行かぬ」。

　宗教の奥座敷には人がいる。この人になりきらないと、本当の人間にはなれぬ。外に、客観的に、いかに神妙不思議の世界が見えて、心神恍惚《こうこつ》という境地が開けても、それはいずれも架空の偽物である。宗教の世界ではない。何となれば、そこには人がいないからである。見られたもの、見えるものではなくて、見る人とならなくてはならぬ。この人と一つになるとき、はじめて宗教の世界にはいるのである。

　ＬＳＤなどの薬物により神秘体験を得ているとき、その人に見えているのは、どこまでも自己の外側の何かである。対して、宗教が探究するのは、あくまでも何かを見ているその人自身だ。「見る」という行為の奥底にある、その人自身――真の自分自身――に「なる」こと。それが、「無位の真人」という言葉に集約される、晩年の大拙の思想であった（秋月二〇〇四）。

だが、こうした思想を自らに課し、自己の内面を見つめ続けるには、大拙も述べるとおり、一定の努力が必要とされる。一般大衆には、なかなか困難な道行のようにも思えるだろう。実際、戦後の日本人のなかには、大拙が語るような奥深い宗教論よりも、自己の人生を楽に好転させるための効能を、禅に求めた人々が少なくなかった。

4　科学的現世利益

宣伝される禅の効能

佐藤幸治は『心理禅』で、彼が理解するところの禅を、「十徳」（十の効用）という観点から説明している。すなわち、「一、病気が治る」、「二、ノイローゼが治る」、「三、短気が治る」、「四、意志が強くなる」、「五、能率が上がる」、「六、頭がよくなる」、「七、人格がととのってくる」、「八、悟りの眼が開けてくる」、「九、大安心が得られる」、「十、理想の世界への道が開ける」の「十徳」である（佐藤一九六一）。

禅を行うことで、心と体の病が治り、個人の能力や知性が高まり、そして悟りや安心が得られる、というわけだ。先に見たとおり、佐藤は、禅には必ずプラスの効能が伴うはずだと信じ、禅のそうした側面を声高に主張した。ヨーガ研究者の佐保田鶴治《さほだつるじ》と佐藤の共著に、様々な静坐法について概説した本があるが、その帯には「頭脳を明晰《めいせき》にし体を健康にする正しい静坐への道」とある（一九六七）。禅をはじめとする瞑想法の意義を、佐藤は、何よりもこうした実際的な効能に見出したのだ。禅が、その効能によって一般人の悩みや苦しみを取り除く可能性は、「新興宗教以上」だとも彼は主張している（佐藤一九六四）。

このような、科学的な知見を背景とした禅の実際的な効能の宣伝は、佐藤の専売特許ではまったくなかった。既に取り上げた平井富雄（『坐禅健康法』）のほかにも、たとえば医学者で居士禅の実修者でもあった岡田《おかだ》一好《かずよし》が、坐禅は人体のホルモン・バランスを適度に調整するのだと説いている（岡田一九六九）。あるいは、心理学者の秋重義治（一九〇四～七九）は、脳波測定に加え、坐禅中に吸気中の炭酸ガスの濃度がどう変化するかも実験して、坐禅には脳血管を理想的な状態に導く効果がある、と指摘した（秋重一九八六）。

一方、創造性の研究に取り組んだ心理学者の恩田彰《おんだあきら》らは、禅などの瞑想法に、個人の能率や創造力を高める働きを認める（恩田・野村一九六四）。また、「心理禅研究家」の流徹真は、禅によって意志を強化し、ストレス耐性を高めよと推奨した（流一九七〇）。さらに、工学博士で立石電機中央研究所（現オムロン株式会社が設置した研究機関）の所長を務めた山本通隆《やまもとみちたか》も、禅を「創造性開発のための技法」と位置づけ、その意義を解説している（山本一九七一）。

つまり、禅の科学の隆盛は、禅の様々な効能を世に広めようとする取り組みを盛り上げたわけだ。とりわけ、禅が可能にする個人の能力開発に、研究者や世間の関心が集まったようである。禅は、人間を健康にし、身体能力を高め、個人に創造性を付与するのに役立つ。こうした認識が、寺院や僧侶ではなく、学術や出版を通して広められていったのである。

大衆化する坐禅

禅の効能が積極的に語られたのには、当時の坐禅をとりまく環境の変化も影響していただろう。戦後の日本社会では、企業の社員研修に、坐禅がしばしば取り入れられたのである。サラリーマン向けに各種の「性格強化法」を紹介する本を書いた保険セールスマンの竹内芳夫は、坐禅も「産業訓練」の一種だとしながら、次のように述べている。

企業内訓練でも、ただ単に「知識」をつめ込む――というだけの教育にあきたらず、「人間をつくる」という立場から、時間をさいて被訓練者を禅寺へやり、坐禅を学ばせている会社もたくさん出てきたようで、一部の禅寺はそのために満員の盛況を呈しています（竹内一九六三）。

坐禅による広い意味での能力開発の効果が、ビジネスの場でも認められるようになったわけである。そして、同書で竹内が、佐藤幸治（や前章で見た藤田霊斎）の著作を参考にしながら話を進めていることからもわかるとおり、禅（仏教）の科学が提供する知見は、禅とビジネス（企業）の結びつきにも一役買ったようである。

ただし、坐禅を個人の能力開発に用いようとする風潮は、戦前から既に一定の拡がりを見せていた。この点は、近代日本における禅会《ぜんえ》（寺院その他の場所で定期的に開催される一般向けの坐禅会）の展開を跡付けた、宗教学者の武井《たけい》謙悟《けんご》の研究に詳しい（武井二〇一九）。

それによると、禅を僧堂だけに閉じ込めず、一般社会に開こうとした釈宗演の活躍などによって、大正期までには、寺院の内外で一定数の禅会が開催されていた。さらに昭和初期には、学校関係者を中心に、広範な社会層で坐禅が行われるようになる。この時期には、高名な曹洞宗僧侶の原田祖岳《はらだそがく》（一八七一〜一九六一）が「国民皆禅」を唱え、いかなる家庭や集団でも「朝夕五分間でも十分間でも」よいので、坐禅を実施すべきだと主張していた。そして戦時中には、「個人の精神力の増長」のためにこそ、「誰でも出来る」坐禅が推奨されたのだ。

かくして、昭和の戦時下を生きた国民の精神強化に活用された坐禅が、戦後には、サラリーマンという企業戦士の能力開発のために用いられるようになったわけである。

伝統的に坐禅は、寺院の内側で僧侶が主体となり実践されてきた。だが、近代を通して、特に戦後には、坐禅が一般大衆のなかへと拡散していく。そして、そうした坐禅の実践の拡散を後押ししたのが、坐禅は個人の能力開発に役立つという、禅の効能ないしは実益に対する信用であったのだ。禅は、僧侶ではなく一般人に「現世利益」を着実にもたらしてくれる手段の一つとして、その宗教的あるいは社会的な位置を変化させたと言えるだろう。

現世利益と日本宗教史

現世利益は、日本の宗教を語る上で最も重要なキーワードの一つである（日本仏教研究会一九七〇）。古代日本に輸入された仏教は、もともと、国家安穏や五穀豊穣《ほうじょう》を祈願するための宗教として受容された。国家の隆盛と国民の繁栄を達成するための手段として、仏教は日本で広まり始めたのだ。その後、加持祈禱《かじきとう》を得意とする密教が盛んになり、病気平癒、安産祈願、除災招福などを、多くの人々が寺院や僧侶に求めるようになる。さらに、近代以降から現代に至るまでも、家内安全、商売繁盛、あるいは交通安全や学業成就を、日本人は社寺の神仏に願ってきた。こうした各種の現世利益の希求こそ、日本宗教史を支える根幹的な要素の一つである。

ただし、現世利益の性格や、それに対する人々の考え方は、時代ごとに微妙に変化してきた。なかでも大きな変化となったのは、都市化の進行による現世利益の個人化である（飯島一九九九）。農山漁村の共同体が盤石な社会では、宗教的な祈りは、共同体の安定的な維持のためにこそ行われた。何よりも村全体の幸福が祈願され、個人の悩みや願いは二の次だったのである。ところが、都市化の進展により共同体の結びつきがゆるむと、個人の欲望に基づく神仏への願掛けが目立つようになる。日本では、おおよそ近世の頃から、都市化にともなう現世利益の祈りの個人化が進んだ。

近世以降に顕著になる共同体のための祈願から個人本位の祈願への移り変わりは、賽銭箱《さいせんばこ》の出現と普及に象徴される（阿満一九九六）。共同体のための祈願では、村の人々が社寺や祭礼の場などに集まり、ともに祈りをささげた。だが、社寺に賽銭箱が設置されると、人々は個人ごとにそこを訪れ、私有財産の一部を投下して、個々の願望の成就を神仏に祈るようになる。かくして、次第に多くの日本人が、自分の願いを叶《かな》えてくれるかどうか「神を試みる」ようになり、そこから「信仰の個人化」が生じ始めたのだ。

現代の都市社会では、現世利益は個人本位で求めるのが、ごく当たり前になっている。自分ではなく他人の幸福のために祈る者もいるだろうが、共同体や国家のためをもって社寺へと向かう人間は、現在ではごく少数派だろう。さらに近年では、従来型の現世利益を求めてではなく、あくまでも自分の心の持ちようを改善するために、社寺に通う人々も増えている。こうした人々のニーズを、宗教心理学者の堀江《ほりえ》宗正《のりちか》は「心理利益」としてとらえる。すなわち、「問題が客観的に改善しなくても、主観的な心の状態が良くなり、前向きになること、問題を肯定的に受容し、積極的に取り組めるようになること、やがて願望を実現するのにふさわしい強い思いを持てるようになること」を期待して、社寺や「パワースポット」を訪れる人々が増加しているようなのだ（堀江二〇一九）。

この「心理利益」は、社寺や聖地を訪れる現代人の心性の一側面を理解するための概念として、とても有効である。ただし、近代化された宗教文化のなかでは、こうした「心理利益」が求められる場面が、昔から少なからずあったと言える。たとえば、本章で見てきた、近代以降の一般社会における禅の受容のされ方は、まさにこの「心理利益」を誘因としてきた部分がある。禅は個人の精神力を強化し、問題解決能力を高めるとされてきたのだ。「心理利益」は、心理主義的な傾向を強める近現代の宗教文化に、通底して見られる現世利益の一形態だと考えるべきだろう。

現世利益を生み出す社会

現世利益への信仰や期待は、もちろん、日本に固有のものでは決してない。何らかの神的な存在に対して祈り、自分たちにとって好ましい結果を得ようとする行為は、遥《はる》か昔から世界各地で確認されている。現世よりも来世での救いを願うタイプの宗教の信者であっても、この世を生きる上で何かしらプラスの効果が無ければ、その宗教にかかわり続けるのは難しいだろう。世界宗教史を見据えた社会学者のマックス・ウェーバー（一八六四〜一九二〇）も、神に誓願や寄進をする人々の意図を分析して、次のように述べていた。

「与えられんがために、われ与う」（Do ut des）というのが、広くゆきわたっているその根本的特質である。このような性格は、あらゆる時代とあらゆる民族の日常的宗教性ならびに大衆的宗教性にのみならず、あらゆる宗教にもそなわっている。「此岸《しがん》的な」外面的災禍を避け、また「此岸的な」外面的利益に心を傾けること、こういったことが、もっとも彼岸的な諸宗教においてさえも、あらゆる通常の「祈り」の内容をなしているのである（ウェーバー一九七六）。

一切の除災招福への願望から自由な「祈り」など、いかなる宗教の世界にも、ほとんど存在しない、というわけだ。至当な見解だと思われる。

とはいえ、宗教に現世利益を期待する意欲が、相対的に強い社会（地域）と弱い社会（地域）があるのも確かだろう。そして、日本は比較的強い社会（地域）に該当するはずだ。キリスト教のように、絶対的な唯一神や天国という「彼岸《ひがん》（あの世）」への信仰を大事にし、「神を試みる」のをよしとしない宗教が広まった西洋社会などに比べれば、日本の宗教文化は明らかに「此岸（この世）」の利益に傾きがちである。

日本では、神仏はしばしば現に生きている人間の延長上で理解される。神も仏も人間も、同じ自然の一部だとする発想が見られるのだ。したがって、宗教学者の藤井《ふじい》正雄《まさお》（一九三四〜二〇一八）が的確に指摘したとおり、日本では「ある手段（呪術《じゅじゅつ》宗教的儀礼）を媒介させれば、人間が神をある程度まで統御することができるという信仰にも似た堅い確信」が流通しており、それゆえ神仏から現世利益を引き出そうとする傾向が、顕著に認められるわけである（藤井一九七四）。

加えて、それぞれ宗派や祭神を異にする（重なる場合もある）無数の寺院や神社が、その宗派の教義や祭神の由来とは無関係に、神聖なものとして漠然とありがたがられている、という日本の宗教環境も重要だろう。日本でどこかの社寺を訪れ、何らかの現世利益を祈る人々の大半は、その寺院が属する宗派の教えや、神社に祀《まつ》られた神々の特徴について、ほぼ意識しない。であるがゆえにこそ、そうした宗派の教えや神々の特徴とは無関係に、社寺に祀られた神仏に多種多様な現世利益を祈願できるのだ。さらには、社寺の側もまた、そのような宗派の教義や祭神の由来に無関心な人々を文句なく迎え入れる、オープンな環境となっている場合が少なくない（Reader & Tanabe 1998）。

このような日本社会で、禅もまた宗派の伝統的な教えから離れて、個々人に様々な効能をもたらしてくれる手段と化していったのは、むしろ自然な流れだったとも考えられる。

呪術から科学へ

ただし、近現代における禅の現世利益的な受容の拡がりが、科学との結びつきにより加速した、という経緯は、それまでにない新しい事態である。いわば、現世利益が科学化したわけである。

ここで、本書の第二章で提示した、近代的な「呪術・科学・宗教」の構図を想起してもらいたい。歴史的に宗教文化のなかに包摂されてきた現世利益の祈りは、近代以降、呪術的な営みとして批判される局面が増える。科学的な根拠のない祈願によって、共同体や個人の運命を左右しようと試みるからだ。一方、現世利益は近代以前から、一部の宗教においても否定的に扱われてきた。日本の文脈で言えば、阿弥陀如来《あみだにょらい》という彼岸的な存在の絶対性を説く浄土真宗では、昔から現世利益に対する評価が低い。また、俗世から離脱して悟りを目指そうとするタイプの僧侶たちにとっても、現世利益はあまり重んじられてこなかった。加えて近代以降、科学を意識する知的な宗教者たちのなかにも、現世利益の祈りには消極的な人々が出てくる。

戦後日本における禅の科学の台頭は、こうした「呪術・科学・宗教」の構図を攪乱《かくらん》した。坐禅等による心身の治療や能力開発という現世利益に、科学的な根拠が付与されるようになったからだ。禅という宗教文化のなかに包摂されていた現世利益が、科学の枠内で再評価されたのである。したがって、これを「呪術」として否定するのは難しくなった。「科学的現世利益」とでも言うべき、まったく新しい領域が切り開かれたわけである。

佐藤幸治による禅の科学に対し、なぜ禅僧たちは批判的だったのか。そこには、昔から自分たちが伝えてきた宗教文化としての禅が、「科学の目」からその価値を裁量されてしまうことへの不満が、まずはあっただろう。自らの縄張りを侵されたことへの反感だ。他方で同時に、佐藤ら科学者たちの、禅の効能ばかりを強調する語り口も、現世的な価値観を超える真理を探究してきた僧侶たちの意向に反した。「科学的現世利益」は、こうしたいくつかの側面から、僧侶をはじめとする伝統的な宗教者たちの否定的な感情を呼び起こしやすいのである。

しかしながら、僧侶たちのように特定の宗教の伝統や、その規範的なあり方にこだわりのない人々にとって、「科学的現世利益」は、とても魅力的に感じられるだろう。それまで漠然とありがたそうに感じられていた宗教文化が、単にありがたいだけでなく、科学のお墨付きを獲得した効能を提供してくれると言うのだから。

実際、戦後の日本社会では、禅だけでなく、他の宗教の方面でも、科学的な観点から評価された修行の効果などが積極的に語られるようになっていく。さらには、特定の宗教文化から抽出された「科学的現世利益」が、その宗教の文脈から遠く離れて受容されるようにもなる。次章でその実態を確かめよう。

第五章　ニューサイエンスと仏教

1　近代科学の転換点

科学・東洋思想・神秘主義

かつて、ニューサイエンス、あるいはニューエイジ・サイエンス（New Age Science）なるものが世界的に流行した時代があった。一九七〇年代から世紀末にかけての頃である。ニューサイエンスは、既存の科学のあり方を乗り越える、新たな世界観に基づく科学を探究する運動だ。近代科学の「機械的世界観」や、研究対象となる宇宙や自然をその構成要素に分けて考える「還元主義」を批判し、生命や人間に宿る精神性や、世界の全体性を重視する視点を、科学の中に取り込もうとする動きである。そして、このニューサイエンスでは、仏教をはじめとする東洋思想や神秘主義と、科学との融合が唱えられた（C＋Fコミュニケーションズ一九八六）。

広く現代科学と東洋思想を学び、ニューサイエンス運動にも深く関与したアメリカの思想家ケン・ウィルバーは、当時の科学者たちによる宗教や神秘主義への接近について、次のように述べている（ウィルバー一九八四）。

一九七〇年代にいたり、突然といっていいくらいに、きわめて高名で、謹厳かつ練達の研究者たち――物理学者、生物学者、生理学者、神経外科学の学者たち――の一群があらわれ、宗教と対話するのではなく、直接、宗教を語りだしたのである。しかもさらに驚くべきことに、科学自体のかたいデータを説明する試みとして宗教を語りだしたのである。この人びとの言い分では、科学の事実そのもの、（物理学から生理学に至るまでの）現実のデータがなんらかの意味をもつのは、ただその明らさまに表わされたデータの底にある、ある種の内にかくされた、すべてを統一する、超越的な基底を想定する場合だけだという。

要するに、様々な科学的発見は、宗教的ないしは超越的な思想を基盤におかなければ統一的には理解できない、という発想をする科学者が、にわかに増加したのである。たとえば、ニューサイエンス運動の代表格の一人であるアメリカの物理学者フリッチョフ・カプラ（一九三九～）は、自身が専門とする素粒子物理学の知見に、タオイズム（道教）や仏教などの東洋思想と通じる部分があることに気づく。そして、現代物理学と東洋思想を統合的に把握するための理論を、『タオ自然学』（一九七五）として刊行した。

あるいは、イギリスの著名な理論物理学者デヴィッド・ボーム（一九一七～九二）は、インド生まれの神秘思想家ジッドゥ・クリシュナムルティ（一八九五〜一九八六）との対話を繰り返しながら、アメリカの神経生理学者カール・プリブラム（一九一九〜二〇一五）らとともに、「ホログラフィック・パラダイム」を開拓する。ホログラフィック・パラダイムとは、個々の事物や出来事を、それぞれ空間的・時間的に切り離された存在とせず、基底では一つであり分割できないものとする考え方で、ニューサイエンスの基調となるような発想であった。

ニューサイエンスの科学者たちは、単に科学と宗教思想を理論的に結びつけただけではない。彼らは、科学者一人ひとりの主体性の問題としても、宗教を受け止めたのだ。カプラは、核兵器の開発や環境破壊が人類存続の脅威となる現状に警鐘を鳴らし、科学者をはじめとする現代人に、意識の転換を求める。科学技術によって今後の世界が平和と破滅のどちらに転がるかは、個々の主体の精神性のあり方に依存する、というわけだ。「極端な言い方をすれば、物理学者はわれわれを仏陀にも原爆にも導く。そしてどちらの道をとるかは、われわれひとりひとりにかかっている」（カプラ一九八四）。

こうした科学者たちのあいだで起きた宗教熱には、一部の宗教家も応答した。ダライ・ラマは、その筆頭に挙げられるべき仏教者である。一九八〇年代以降、彼は生物学者のフランシスコ・ヴァレラ（一九四六〜二〇〇一）らと、「科学と宗教の対話」を繰り返している。最先端の神経科学や遺伝学に真摯《しんし》に学びながら、それらの科学的知見と、仏教に固有の心や生命の見方との異同を考察するダライ・ラマの態度は、多くの科学者たちからの敬意を集め、両者の持続的な交流につながってきた（ヴァレーラ&ヘイワード一九九五）。

日本のニューサイエンスとオカルト科学

欧米で火が付いたニューサイエンスの流行は、やや遅れて日本にも波及する。一九七九年のカプラ『タオ自然学』を皮切りに、八〇年代中頃までには、ニューサイエンスの代表的な著作の邦訳書が次々と刊行され、話題を呼んだのだ。日本でニューサイエンスが受容されていく背景としては、カプラらの著作を刊行した工作舎（雑誌『遊』などを発行）の営業戦略──「ニューサイエンス」という言葉（和製英語）を世に広めたのは、工作舎の関係者だったという──や、折からの一般読者向けの科学雑誌の人気、それに先立つ七〇年代のオカルト・ブームなどがあったようだ（一柳二〇〇九）。

一九八四年一月には、筑波大学とフランス国営文化放送の共催により、「日仏協力筑波《つくば》国際シンポジウム」が開催される。これは、一九七九年にスペインのコルドバで開かれた「科学と意識」国際シンポジウムを継承するもので、海外から物理学者や分子生物学者ら二〇名が招かれ、ニューサイエンスに関する討論が五日間にわたり行われた。この筑波国際シンポジウムは、全国紙で報道されるなど大きな反響を呼び、その記録は全五巻の『科学・技術と精神世界』（青土社）として出版されている。

ただし、そこではニューサイエンスへの懐疑的な意見も提示された。カプラ、ボーム、プリブラムらニューサイエンスの旗手たちが活躍したコルドバでの会議とは異なり、彼らが欠席した筑波国際シンポジウムでは、現代科学と東洋思想の安易な接合に否定的な科学者が、少なからずいたのだ。とりわけ、東洋の「気」の理解に関する日本側の報告には拒否反応を示す国外の研究者が多く、東西文化の交渉が必ずしも容易ではないことをうかがわせた（湯浅・竹本一九八七）。

とはいえ、このシンポジウムの開催前後には日本でもニューサイエンスへの注目が高まり、賛否の議論が盛り上がる。関連書を数多く刊行した青土社の雑誌『現代思想』では、シンポジウムと同月に増頁の特集号として「ニューサイエンス〈知〉の新しい波」を刊行し、国内外からの論考を掲載した。科学史家の伊東俊太郎《いとうしゅんたろう》は、同誌での井上忠《いのうえただし》（哲学者）との対談で、ニューサイエンスの可能性の一端を次のように示している。

ちょっと言葉は悪いけど、もっと科学を遊んでいいんじゃないかっていう気がするわけ。科学、科学と言っても一部の科学者の独占物で、それは一般の人たちなんかから遠く離れて聖域みたいなものになってしまった（中略）だから、それをもっと気軽に身近に考えて、セグリゲート〔隔離〕されてしまった科学の聖域っていうものを、もっと自分たち自身の「生」の領域に取り戻してくるという、そういう機能もニューサイエンスにはあるんじゃないかなという気がするんです（井上・伊東一九八四）。

専門家以外には手の届かなくなった科学を、一般社会に取り戻し、市井の人々の「生」に役立てる。ニューサイエンスは、そうした科学の一般化のための挑戦でもある、というわけだ。専門家による科学的知識の独占への見直しとして、重要な指摘だろう。しかし他方で、素人が科学を「遊ん」だり、自らの「生」のために自由に操作したりすれば、疑似科学の氾濫《はんらん》や、科学的知識の誤った運用に、歯止めが利かなくなる恐れもあるはずだ。

実際、ニューサイエンスの流行は、日本のオカルト的な科学者を蘇《よみがえ》らせもした。本書の第二章で取り上げた、福来友吉である。文芸評論家の竹本忠雄《たけもとただお》は、福来の学説をニューサイエンスに先駆けたものとして評価し、福来の「畢世《ひっせい》の名著『心霊と神秘世界』」(正しくは『心霊と神秘世界』)に示された理論は、「コルドバに先立つこと四十七年もの昔であった!」と称賛している(竹本一九八四)。福来が証明しようとした「念写」もまた、プリブラムらの見方に従えば「まったく可能」だとも竹本は述べる。

福来が解明を試みた心霊の実在や「念写」の能力には、依然として十分な科学的裏付けはない。だが、そうした真偽不明の現象や知見に、「科学」のお墨付きを与えてしまう危険性が、ニューサイエンスにはあったわけである。

ニューサイエンスの古さと新しさ

ニューサイエンスの流行が、戦前に活躍した福来の再評価を導いたように、ニューサイエンス的な試み自体は、日本では特に新しいものではなかった。近代以降、科学と宗教の統合を試みる人々が、日本の仏教者や知識人のなかに少なからず出現したことは、本書でこれまで見てきたとおりである。

あるいは、前章で詳しく論じた「禅の科学」もまた、日本でニューサイエンスに注目が集まった一九八〇年代を通して、微妙に変化しながら持続した。たとえば、東京大学医学部附属病院分院教授の石川中は、「ノバート・ウィナーの提唱するサイバネティクスを原理とするサイバネーション療法という統合的な精神療法の体系」の一部に、禅やヨガをはじめとする瞑想《めいそう》法を位置付ける（石川一九八一）。また、「㈱創造工学研究所所長」の中山正和《なかやままさかず》は、禅と宇宙物理学を「類比」させ、特殊相対性理論を用いながら禅を科学した（中山一九八四）。さらに、ソウル大学工学部教授の朴《パク》禧《キ》善《ゼン》も、「相対性理論および量子力学的面から座禅中の深層意識にメスを加え」るなどした（朴一九八九）。なお、禅瞑想がなぜ必要なのかについて、朴は「科学的にいえば、〝右脳を強化させる〟ためであると私は確信する」と主張している。

こうした科学者たちの取り組みは、戦後に活況を呈する禅の科学の延長上で理解できる。禅から得られる「科学的現世利益」を強調する風潮も、一貫していると言える。一方で、現代物理学の知見の応用などが見られるのは、ニューサイエンスの流行と歩を合わせた、新たな動向だろう。それ以前の禅の科学は、もっぱら心理学や神経科学に基づく研究であった。

東西交流と資本の拡大

とはいえ、ニューサイエンスの時代に起きた変化としては、応用される科学の細かな違いよりも、むしろ、西洋の科学と東洋の宗教や思想、両者の関係性の変容のほうが、よほど重要である。それ以前の時代には、あくまでも日本（東洋）の仏教者や科学者たちが、西洋の科学を応用して、日本（東洋）の宗教や思想に新たな光を当ててきた。それが、この新たな時代には、西洋の科学者たちが率先して、東洋（日本）の宗教や思想を、自らの研究や実践に取り入れるようになったのである。

これは、禅をはじめとする東洋の宗教や思想が、二〇世紀を通して西洋世界に受容されていったことの帰結の一つだろう（コックス一九七九）。たとえば、カプラは鈴木大拙の影響下にあり、プリブラムは、禅を西洋に広めたアラン・ワッツの友人だった。彼らのような、東洋的なものに感化された西洋の科学者の世界観が、ひるがえって、西洋のみならず日本（東洋）の人々にも影響を及ぼしはじめたのだ。科学と宗教の関係をめぐって、洋の東西の往還的なインパクトが生じるようになったわけである。

ただし、東洋の宗教や思想は、既に一九世紀までには、西洋世界に一定のインパクトを与えている。一八九三年に開催のシカゴ万国宗教会議で、仏教の科学性を説いた釈宗演の演説がアメリカ人のポール・ケーラスを感動させ、これが大拙の渡米の契機となったことについては、本書で既述のとおりだ。あるいは、一九世紀後半に誕生した「科学」的な神秘主義団体、神智《しんち》学《がく》協会のメンバーもまた、アジアの仏教に強い関心を抱き――同協会の創始者オルコットやブラヴァツキーは、スリランカで仏教徒になる――、日本の仏教関係者とも交流をして、互いに影響を与え合うなどした（佐藤二〇〇八、Prothero 1996）。

とはいえ、これらの東西交流は、いまだ小規模の動きにとどまっていた。ニューサイエンス運動のように、洋の東西をまたいで科学と宗教の関係を問い直そうとする大きなプロジェクトとは、一線を画すと言えるだろう。

また、この二〇世紀後半の一大プロジェクトが可能になった背景として、そこに投じられた資本の豊富さにも注意せねばならない。たとえば、先述の筑波国際シンポジウムには、京セラやソニーや日本IBMなど、多くの大企業が協賛として名を連ねた。とりわけ、京セラは社長（当時）の稲盛和夫《いなもりかずお》（一九三二～）の差配によって、シンポジウムの開催のために多額の出資をしたとされる。ジャーナリストの斎藤貴男《さいとうたかお》が『カルト資本主義』（一九九九）で詳しく書いたとおり、篤信の経営者である稲盛は、ニューサイエンスにも多大な関心を示したのだ。また、ソニーの名誉会長であった井深大《いぶかまさる》（一九〇八～九七）も、「ニューパラダイム」の確立を目指して、超能力や東洋医学の研究所を社内に設置させるなどした（斎藤二〇一九）。

戦前における科学と宗教の融合は、個々の仏教者や科学者たちの思想や研究、あるいは彼らの指導下にある人々の実践のレベルに、おおよそ限定されてきた。だが、戦後になり国家からの支援（科学研究費）を受けた禅の科学が台頭し、ビジネスマンのあいだでの坐禅《ざぜん》の人気も相まって、科学化した仏教が一般社会に普及しはじめる。そして、一九八〇年代には、大企業の資金にも支えられたニューサイエンスの運動のなかで、科学と宗教の結びつきが、より強固に、しかも、かつてなく広い世界へと拡張していったのだ。

こうした社会状況ないしは時代思潮のなかで、最も射程の大きな議論を展開した人物の一人が、哲学者の湯浅泰雄だろう。湯浅は、筑波国際シンポジウムの日本側のコーディネーターの一人であり、ニューサイエンスの日本への紹介に尽力した研究者である。彼が、ニューサイエンスの流行以前から開始し、流行中に鍛え上げた「東洋的身心論」には、科学と宗教の関係をめぐる、時の流行を超えた思想的な意義があるように思える。

一方、同時期には、密教の再評価の動きが見られ、特にチベット密教が日本でも人気を博するようになる。また、この密教リバイバルが、ニューサイエンス運動にも合流していく。密教は、日本の科学化する仏教の脈絡で、戦前からも一定の役割を果たしてきたが、そこにチベット密教も参与し、新たなムーブメントを起こすのだ。

そして、世界宗教史上の最大の災厄の一つ、オウム真理教の事件もまた、科学と宗教の融合を信じる人間の増殖する時代の後押しを受けた部分が、確実にある。以下では、湯浅泰雄の思想、密教の新たな展開、そしてオウム事件の原因の一端について、ニューサイエンスとの関連性を考慮しながら検討しよう。

2　東洋的身心論——湯浅泰雄

身心一如と修行の思想

湯浅泰雄（一九二五〜二〇〇五）は、西田幾多郎など近代日本の哲学者について研究を進めるなか、そこに西洋人とは異なる独特の身体観を発見する。それから湯浅は、日本あるいは東洋に特有の身体観とは何かを探究し、他方で西洋哲学の身心論や、生理学や心理学の知識も参照しながら、一九七七年に『身体—東洋的身心論』を完成させた（湯浅一九七七）。同書は、東洋における身体と心の関係を巧みに理論化した、類《たぐい》まれな名著と言っていい。

湯浅の見るところ、東洋に一般的な身体観は、まずもって「身心一如」という言葉に端的にあらわされる。すなわち、それは「身体のあり方と心のあり方を一体不可分なものとしてとらえてゆこうとする態度」だ。これに対し——著者自身も認めるとおり「大ざっぱな見取図」だが——西洋の身体観は、身体と心のあり方を明確に区別する傾向が強い。デカルトの身心二元論はその典型で、その歴史的源流は、キリスト教の霊肉二元論にまでさかのぼり得る。そう指摘した上で、湯浅は論じる。このような身体観の違いは、「人間の本性」をめぐる東西の認識

湯浅泰雄
（朝日新聞社提供）

や、そこから生まれる思想・哲学の相違の基盤にもなっているのだろうと。

そうした東西の違いの最たるものとして湯浅が持ち出すのが、「修行」である。西洋とは異なり、東洋では修行が重視される。修行による知の習得、すなわち「真の知というものは単なる理論的思考によって得られるものでなく、自己の身心の全体をもって「体得」し「体認」してゆくことによって得られるものだという考え方」が、東洋思想には広く通底するのだ。もちろん、東洋思想と一口に言っても、インド生まれの仏教やヒンドゥー教から、中国の道教や儒教、さらには日本の能楽や茶道に伝わる「芸道論」まで、多種多様である。だが、それらの東洋思想には、いずれも、広い意味での修行によって、物事の本質を頭よりも先に身体で覚えるための、実践的な知恵が含まれているのである。

たとえば、道元の言う「只管打坐《しかんたざ》」の思想がそうだ。湯浅は次のように述べる。

まず注意すべきことは、禅というものが知的思弁の優位を否定するところから出発する思想であるということである。いわゆる「只管打座」とは、そういう意味に外《ほか》ならないであろう。視野を拡大していえば、同じことは仏教思想の本質的性格の中に、あるいは東洋思想の伝統そのものの中に流れている考え方であると言うこともできるであろう。もしそうであるとすれば、禅体験の内容を知的思弁によって論理化しようとする企ては、問題の本末を転倒した態度におちいるのではないかと思われる。

禅を、あるいは仏教その他の東洋思想を、机上で知的に学んだり論じたりするだけでは、意味がない。というより、本末転倒である。まずは、ひたすら坐禅するなど、とにかく実際にやってみることではじめて意味をなすのが、禅であり、仏教その他の東洋思想の本質だ。湯浅はそのように主張しているわけである。

身体による心の支配

こうした前提を確認した上で、湯浅は、東洋思想に見られる修行の諸相を、仏教の事例を中心に論じていく。仏教における戒律や瞑想が、インドから中国そして日本へと展開するなか、どのような変遷を遂げてきたのかを考察するのだ。

同書での湯浅の関心は、有名どころでは、道元と空海にあったようである。とはいえ、彼が論じるのは、これらの高僧たちによる高等な思想だけではない。日本で仏教が庶民レベルにまで浸透するにあたっても、修行は重要な役割を果たした、と彼は考えるのだ。たとえば、中世の日本社会に広まった、浄土教の念仏や法華経の題目を唱えるという実践である。湯浅によれば、「深層心理学的にみれば、一定のリズムに従う読経《どきよう》や念仏・題目のくりかえしは一種の自己催眠的効果をもつものであり、その点で瞑想修行と重なり合うところがある」のだという。

また、仏教からの影響の色濃い各種の芸道（論）も、修行の一種として湯浅はとらえる。世阿弥の能楽論などは、単に芸術の理論的考察ではなく、「芸術制作という実践を通じてはじめて生れてくる理論である」として、これを仏教の修行論に近似した思想とするのだ。たとえば、藤原定家の歌論に、湯浅は「まず身体の姿勢を正しくすることによって心が澄み、よい歌が作れるようになる」という芸道論を見出《みいだ》す。そして、身体を整えることで深い美の境地に入ろうとするその姿勢を、「修行僧が精神を集中してより深い瞑想と悟りに入ろうとする姿」に重ね合わせた。

身体の「形《かたち》」を一定の規則に従い整え、それによって自己の心を正していくこと。そうした実践は、禅堂での修行生活に顕著に見られる、と湯浅は考える。禅堂では、洗面・手水《ちょうず》・食事・清掃といった日常の作務を、禅堂の規則である『清規《しんぎ》』に従い実行しなければならない。道元は、この種の日常的な作務を非常に重視した。なぜなら、「心が身体を支配するのでなく、逆に身体のあり方が心のあり方を支配するという立場に立つのが修行の出発点」だからである。そして、このような修行の基本的な態度をより徹底させたものこそが、坐禅の瞑想にほかならない、と湯浅は述べる。

禅堂での修行の究極形態である坐禅によって、身体による心の支配が成ったとき、自己と世界の日常的な関係性はいったん人為的に停止され、意識の主体としての自己のあり方は実践的に手放される。こうした状態について、湯浅は次のように説明する。

理論的見地からみれば、このことは、日常的経験の場における意識主体としての判断を一切停止することを意味する。そういう実践的判断停止において、日常的次元における意識的経験の底に蔽《おお》われていた人間的主体の基体的存在制約が自己に対して開示されてくる。それが人間的生の根源的受動性である。

坐禅によって日常的な意識の覆いがはがれると、そこには自己の身心を成立させている基底的な条件、すなわち「人間的生の根源的受動性」があらわになる。道元は、この状態を「身心《しんじん》脱落《だつらく》」と表現した。湯浅のほうは、以下に示すとおり、これを西洋哲学や科学の知見を用いて分析する。

西洋の哲学と科学を超えて

湯浅は、「現代における哲学的身心論」の代表として、フランスの哲学者ベルグソンとメルロ＝ポンティの研究を援用する。ベルグソンは、デカルト的な身心二元論を克服する道をひらき、メルロ＝ポンティは身体の両義性に注目した。身体の両義性とは、自分が生きる世界に働きかける主体的な存在であると同時に、周囲の事物や他者との関係の網の目の中に置かれた客体的な存在でもあるという、人間の身体の基本的な条件である。ベルグソンとメルロ＝ポンティは、いずれも、意識が経験する心理作用にも、身体の生理的な働きにも還元できない、

「そういう「心」でもなければ「身体」でもない中間的存在様式」の探究に挑んだ点で、湯浅の研究にも多くの示唆を与えてくれる哲学者であった。

だが、両者が身体について考える際、そこでは知覚（感覚）と行動（運動）という、身体と外的世界との関係で生じる現象を中心に論じられる場合が多く、身体の内部で生じる感情（情動）の作用についての検討は不十分である、と湯浅は批判的に述べる。この問題について、湯浅は生理学や心理学の見解を応用しながら、次のように解説する。

人間の身心には、「大脳皮質に中枢をおくいわゆる感覚―運動回路としてとらえられる身体部分（すなわち四肢）と、機能的にこの回路に結びついている外界知覚と運動感覚（体性系内部知覚）及び思考作用から成る「意識」の主要部分がある」。これを「身心関係の表層的構造」と定義すれば、ベルグソンやメルロ＝ポンティは、この表層の部分ばかりを考えてきた。

一方で、人間の身心には、ほかに「身心関係の基底的構造」と呼ぶべき部分がある。それは、「自律神経系に支配される内臓諸器官と、機能的にこれと結びついている情動および内臓感覚（原始感覚としての自律系内部知覚）の関連の構造」を指す。この心身関係の基底的構造は、感情（情動）という形で、ほんの一部が意識に浮かんでくる場合もあるが、その大部分は無意識の領域に沈んでいる。「心が身体を支配している」という日常的な意識からは、この領域には十分にアクセスできないのである。

しかし、「東洋思想の伝統において身心の問題が問われる場合には常に、われわれのいう身心関係の基底的構造が重視されてきた」と湯浅は断言する。近年では、無意識の構造を探究したフロイトの流れをくむ西洋の心理学者や、神経生理学者のなかに、東洋思想への関心を抱く者が増えてきた。彼らもまた、この基底的構造のメカニズムを解明しようと試みているからである。つまり、東洋の身心論が伝統的に追究してきたのと、同じような身心のメカニズムを。

したがって、湯浅の見立てによれば、東洋思想は、西洋の最先端の科学的研究に通じる実践を、遥《はる》か昔から推進してきたことになる。「東洋思想の伝統においては、修行という場面において、身心関係のメカニズムに対する経験的実践的研究が古くから為《な》されてきた」というわけだ。西洋の現代科学に比肩するポテンシャルを、湯浅は東洋思想に見出したのだ。

こうした湯浅の議論が、欧米でのニューサイエンスの流行と共振する性格のものであったのは、明らかだろう。それゆえ、この本を書いた後の彼が、日本におけるニューサイエンスの案内人の一人となったのは、いわば自然の流れだった。さらに、同書が加筆・修正のうえ英訳されて、一九八七年に *The Body: Toward an Eastern Mind-body Theory* としてニューヨーク州立大学出版局（東洋思想に関する著作を数多く出版）から刊行されたのも、納得のいく展開だろう。

「気」の探究

『身体』が国内外で好評を得た後、湯浅は扱う対象を広げながら、自らの東洋的身心論をさらに深めていく。『身体』は、日本（東洋）の思想に関心のある読者だけでなく、体育・武道・東洋医学・気功の実践者たちにも、熱心に読まれた。そうした他ジャンルの人々との交流を続けるなか、湯浅が自身の研究の新たなキーワードとして掲げたのが、「気」である（湯浅一九八六ａ）。

「気」は、中国哲学の基本概念の一つであり、儒教・仏教・道教の相互交渉のなか、思想的に練り上げられてきた。そして、この三教の根底に通じるのが、「修行法（瞑想法）」だと湯浅は指摘する。すなわち、「儒者は「静坐《せいざ》」とよび、仏教者は「坐禅」と呼び、道士は「錬丹」「導引」などとよぶ心身の鍛錬法である」。

「気」はまた、中国の伝統医学や、さらには東洋の武術（古武道）においても重要な概念である、と湯浅は述べる。東洋では、瞑想法・東洋医学・武術の三者が、いずれも密接に関連しており、それらは西洋の物心二元論や近代科学の思考法とは、大きく異なる世界観を示しているというわけだ。

湯浅によれば、瞑想と武術は、いずれも「身体の姿勢」を基本とする。両者ともに、まず上半身の力を抜いて、背筋をまっすぐにし、身体の重心を腹に沈めるのだ。いわゆる「自然体」である。そして、瞑想では、自然体の姿勢で静坐し、その姿勢のまま心を自分の内側に向ける。一方、武術では、自然体で相手と向かい合う。「いわば、瞑想とは内なる世界を見つめる訓練である。武術は、同じ姿勢から出発して外なる世界に向かう」。両者には、歴史的に深いつながりがあった。

そして、武術の修行者は、昔からよく呼吸法の訓練をした、と湯浅は述べる。呼吸法による「気」のコントロールを行い、武術のための身心を形成してきたのだ。一方、東洋の諸宗教に伝わる瞑想の訓練も、まずは呼吸法から始まる。呼吸法により身心をリラックスさせ、不動の状態に入る訓練をしたのであり、道教の瞑想法では、それを「気を練る」などと表現してきた。こうした両者の共通点を確認した上で、湯浅は「気」の性格を次のように論じる。

つまり気は、単なる日常ふつうの意識によって認知される作用ではなく、呼吸法や瞑想による心身の訓練を通じて、意識（心）がしだいに感じることのできるようになるような新しい作用である。

「気」は、ふだんから身の回りに流れる「空気」とは異なり、瞑想などによって意識的に操作可能な、一種の「精神的な力」であると、湯浅は位置付けるのだ。

あるいは、鍼灸《しんきゅう》治療を中心とした東洋医学では、「気はいわゆる経路を流れる生命体特有の一種のエネルギーであるとみなされている」。それは、各種の経路（人間の頭部や主要な臓器と、手足の先端とを結ぶ回路）を流れる目に見えない力なのである。東洋医学ではまた、「気」は経路の末端である手足の先端を通じて、身体の外界とも交流しているとされる。そして、「気」

のこうした理解のされ方に、湯浅は「東洋的身体観の基本的特質」を見る。いわく、近代医学では、身体を外界から切り離された自己完結した閉鎖系（closed system）ととらえる。対して、東洋医学では、身体を外界とつながった開放系（open system）ととらえる。後者では、「身体と外界との間に感覚ではとらえにくい一種の生命エネルギーの交流、つまり気の吸収と排出が行われている」と考えるのだ。

こうした東洋的身体観は、身体を単に物質――物理ないし生理的問題――と理解し、意識――心理的問題――の次元とは没交渉とする近代科学の認識論よりも、日常生活の実感に即した「心身結合」的な理解を導きうる、と湯浅は主張する。人間が「気」の流れに向き合う時、そこでは物質（生理）か意識（心理）か、という二元論は通用しない。人間の身体は、生理的であると同時に心理的な存在なのである。

気の流れは瞑想の訓練と深く関連したものであり、その点からいえば心理的性質を帯びている。しかし鍼灸的治療の観点からみると、気の流れは生理的機能の活性化に効果がある。つまり皮膚の内側として感じられる身体（自分の「からだ」の感覚）は心理的存在であり、外側からみた皮膚に包まれた身体は、その内部から生理的機能が外に発現してくる場である。気の流れはこの内と外を媒介する通路である。

『身体』で湯浅は、修行の歴史をたどることで、身体による心の支配の技法を磨いてきた東洋思想の可能性を説き、これを西洋的な物心二元論に対峙《たいじ》させた。それから「気」の概念を探究した彼は、身体の内外を通過する気の操作法——瞑想法・東洋医学・武術——を探索することで、物質（生理）と意識（心理）を架橋するための学知を、さらに洗練させたと言えるだろう。

テオーリアの知とプラクシスの知

しかしながら、先に少し述べたとおり、一九八四年の筑波国際シンポジウムの場で湯浅が提示した「気」の理解は、国外の科学者たちには、あまり好意的には受け入れられなかった。日仏の研究者による討論の時間にも、日本側の発言者のほうは、「気」の哲学的意義に話題が集中したのに対し、フランス側は、「気」の流れの生理学的測定法の妥当性という点に、もっぱら関心が注がれた。提題者の湯浅としては、「心という要因を経験科学的研究の場にとり入れる場合、どういうパラダイムの変更ないし修正が必要か」を問うための一例として、「気」を取り上げたつもりだったとのことだが、意図があまり伝わらなかったようである（湯浅一九八六b）。

『身体』での立論から既に明確なとおり、湯浅の東洋的身心論のねらいは、西洋的な思想の抜本的な見直し、あるいは近代科学を支える認識の転換にあった。修行や「気」をめぐる彼の考察は、極論すれば、そうした遠大な目的を達成するための手法の一つに過ぎない。たとえば、湯浅は「テオーリア（観察）の知」と「プラクシス（実践）の知」という観点から、これまで西洋が中心に担ってきた「哲学の再生」を唱えた（湯浅一九九二）。

湯浅は論じる。プラトンやアリストテレスが活躍したギリシャ時代の昔から、西洋では、神のような特権的な立場から世界を観察するテオーリアの知が、高い地位にあった。他方、軍人や労働者や奴隷のように実践活動＝プラクシスに従事する人々は、低い地位にあると考えられた。こうした価値観は近代以降も続き、現場の技術者は大学の科学者よりも社会的地位が低かった。ところが、二〇世紀に入り、この関係が逆転する。巨大加速器がなければ物理学の研究ができなくなり、最先端の計測器がなければバイオテクノロジーも医学の分野も進歩しなくなったのだ。「今や、科学が逆に技術に従属する時代になった」わけである。

かくして西洋世界を支配してきたテオーリアの知が危機にある現在に、「技術（テクネー、テクニック）」の見直しによる知の再生をはかるのが、湯浅の立場である。いわく、人類の歴史において、技術は常に諸民族の宗教儀礼と結びついてきた。単に道具を制作したり、食物を調理したりするだけでなく、技術は心の問題と深くつながってきたのだ。日本でいえば、宗教的修行に起源を持つ芸道や武道、あるいは職人の「わざ」などがそうである。「わざ」の習得の過程は、身体能力の訓練と当人の心の訓練が、同時に成し遂げられる。「技術というものは、元来、主体的立場からみた心身相関性を前提としている」わけである。

それに対し、近代技術が作り出した機械は、「人間から独立した形で、物質に加工する手段であり、物質と精神を二分して、物質だけに関わる機能をもって」いる。こうした性格を有する機械の普及によって、「物心二元論は社会的なシステムにまで具体化され、精神の問題は技術とは無関係になった」。この精神なき近代技術＝機械が世界中に広まり、諸民族の多様な文化的技術を脇に追いやってきたのが、今に至るまでの人類の歴史である。

そうした現状を踏まえた上で、湯浅は、「心についての技術」の復権を求め、さらに、その先にあるテオーリアの知の再建を唱える。

私の考えるところでは、東洋における知の伝統は、テオーリアとプラクシスを分離しない知、あるいは、実践を通じて自分の心そのものを変容させる体験知としての一種の技術を示しています。それはいわば、プラクシスを通じて得られる高次のテオーリアの知を目指すものです。たとえば、瞑想・修行を通じて得られる「悟り」の体験は、意識の変容を通じて獲得される体験知にもとづいて人間のあり方をあらためて考え直す知を意味します。それは、心身をコントロールし、人間が人間自身を支配し制御していく技術知ともいうべきものであります。現代はそういう高い英知を必要としているのではないかと思います。

ここでの湯浅の議論の骨格の部分は、『身体』で既に示された論旨とそう変わらない。修行や瞑想という身体技法が、身体のみならず心の制御にもつながる、という趣旨だ。しかし、その論旨が、ここでは世界の哲学史または文明史の方向性を定めるための、壮大な提言になっているところに、従来にはない議論としての奥行きや迫力がある。その凄《すご》みは、湯浅がニューサイエンスの時代に洋の東西の思想や科学を幅広く吟味するなか、たどり着いた境地であっただろう。

3　密教の変貌

桐山靖雄と超能力の科学

平河出版社——ニューサイエンスの時代の宗教書について考える上で、欠かせない出版社の一つである。湯浅泰雄の『気・修行・身体』（一九八六）や、後述する中沢新一《なかざわしんいち》らの『虹の階《かい》梯《てい》—チベット密教の瞑想修行』（一九八一）などの版元だ。一九七一年に仏教者の桐山靖雄《きりやませいゆう》（一九二一〜二〇一六）が設立し、現在も桐山が創始した新宗教団体「阿含宗《あごんしゅう》」の関連会社である。

自らも平河出版社から数多くの著書を刊行した桐山は、ニューサイエンスに通じる密教論を、日本で率先して広めた代表的な人物だ。一九七一年に出版しベストセラーとなった『変身の原理』をはじめ、彼が執筆した密教関係の本は、かつて多数の読者を獲得した。日本人の密教イメージにも、桐山の著作や活動は少なからぬ影響を及ぼしたものと思われる。

『変身の原理』は、なかなかにインパクトのある序の文章から開始される（桐山一九七一）。

それはすばらしい能力開発のシステムである。／それは宗教であると同時に、みごとな才能開発のサイエンスである。／それは、たとえば、天才教育ともいうべき技法《メソッド》を持つ。「求聞持法《ぐもんじほう》」と呼ばれる記憶力増強のシステムである。／潜在意識、深層意識の活用という近代心理学の技術を駆使して、人の記憶力を数倍も高める。／このシステムによれば、人はだれでも、常人に数倍する記憶力を持つであろう。／それは単なる信仰ではない。人に超能力をあたえるKnowhow（技法）である。／それはサイエンスであるから、とくに信仰を強要しない。

「求聞持法（虚空蔵菩薩《こくうぞうぼさつ》求聞持法）」は、一定の作法に従い真言（仏教の真実をあらわす呪文《じゅもん》）を百万回唱える修行法（瞑想法）である。密教の伝統では、これを実践すれば行者《ぎょうじゃ》の記憶力が著しく強化されると伝わってきた。したがって、ここで桐山が求聞持法を「能力開発のシステム」と評しているのは、特に変わったことではない。だが、求聞持法は、本来的には、あくまでも仏教の信仰に基づき実践される行である。それを「信仰」ではなく「サイエンス」だと言い切るところに、桐山の説明の特異性があった。

これは、一面では、前章で見た「禅の科学」と通じる語り口だ。桐山自身も、「最近、若いビジネスマンや、学生たちの間に坐禅が流行しているそうであるが、この場合、彼らは禅を

「信仰」しているわけではない」と述べ、現代では密教も禅も「トレーニング」の一種と化している、と語る。科学的観点から仏教の身体技法を再評価し、これを能力開発に役立てるという意味では、桐山の密教に関する説明の仕方は、同時代の禅の科学とも共通する。

しかしながら、桐山の密教論は、禅の科学とは性質が決定的に異なる。禅の科学とは違い、桐山が想定する「能力開発」には、「念力」などの超能力が含まれるのだ。密教のトレーニングによって、人間は「テレパシー」や、「念の力で、瞬間的に水を沸騰させ、生ま木に火をつけ」るなどの能力が身に付くとされるのである。桐山いわく、「ホトケ」とは一種の「超能力者」のことである。

こうした考えを、桐山は、ウィーナーのサイバネティクス理論、フロイトの精神分析、大脳生理学、現代物理学などの知見を用いて根拠づけようと試みる。これらの科学が提示する、人間の潜在意識や記憶の構造、物質のメカニズムに関する理解に従えば、超能力の証明は十分に可能なのではないかと問うのだ。

桐山は、現在の科学の水準では、超能力の解明には至っていないことは認める。他方で、「人間のこころが、ある種の力を持つことはまぎれもない事実であり、今までの科学がそれを説明できないからといって否定してしまうことは、それこそ、かえって科学的な態度ではない」として、彼が強調する密教による超能力の開発が、いつの日か、科学的にも公認されるだろうと示唆する。その際、彼が「有名な福来友吉博士の「念写」事件」に言及しているのは、とても興味深い。桐山の著作や活動は、仏教（真言密教）と超能力を重ね合わせた福来の思想を、戦後に引き継いだようなところがあった。

超能力開発のための密教

密教に科学的根拠を与える試み自体は、戦前の福来らの後、桐山に先立ち皆無なわけではない。たとえば、高野山真言宗布教研究員などを務めた仏教学者の平井巽《ひらいたつみ》（一九〇三～八九）が、一九五三年に『祈禱の科学的解明』という本を刊行している。同書のもとになった文章は、一九五一年六月、高野山大学の『密教文化』に掲載された。平井によれば、同誌の編集担当者から、「通俗的な読物」を依頼されたのを受け執筆したとのことだ。

同書のおもな内容は、祈禱《きとう》による病気治療の効果の科学的な解明にあった。生物学や医学、精神分析や催眠術の研究に関する文献を幅広く参照し、祈禱がなぜ病気に効くのかを、多角的に論じている。一方、催眠術や瞑想による「透視力」の獲得の可能性についても、同書では一定の紙幅を割いて検討される。ただし、平井はテレパシーや心霊現象については懐疑的で、これらを「福来友吉博士がまず信じて紹介の労をとつておられるのが、私には不満である」と断じた。

同書での平井の議論は、戦前に大勢の真言宗僧侶《そうりょ》のあいだではいったん放棄された、祈禱と科学の調停の試みとして、注目に値する。宗教と科学のすみわけではなく、融合の可能性を、密教の側から改めて示したのだ。

とはいえ、福来への否定的な言及からもわかるとおり、密教（仏教）と科学を融合させるにあたって、平井はかなり慎重な立論を行っている。密教（仏教）と超能力をすぐさま直結させるような姿勢も、まったく見られない。一九七〇年代後半に『高野山時報』に寄稿した別の著作（「オカルト密教と正純密教」）でも、平井は「神通《じんずう》」（超能力）は仏教の本筋と関係なく、仏教者の「究極目標はつねにあくまで解脱や、成仏」であって、「道草のオカルトをありがたがったりするのは邪道であることは、今更申すまでもありません」と述べている。

それに対し、桐山の密教論は、密教を留保なく超能力開発の手段とし、しかも、それは誰にでも習得できる能力だと断定する。良くも悪くも気軽過ぎるスタンスが濃厚なのだ。「桐山密教」の内実について批判的に検証した廣野隆憲が指摘するとおり、「桐山氏には、仏教を実用主義的な観点からのみ、とらえるという姿勢が強すぎ」、また、そうした姿勢は「密教の商業化」につながるだろう（廣野一九九二）。

たとえば、講談社が一九七〇〜八〇年代に展開した「一口に言って、『実人生に役立つ生活の知恵』を追求するために生まれた叢書《そうしょ》」であるオレンジバックスの一冊として、桐山は『才能開発・自己コントロールのための求聞持法・瞑想入門』を著している。同書では「だれでも実践できる」瞑想の効能が、例の如く各種の科学的知見とともに紹介され、最後に「究極の瞑想法」として、「ひとに超人的能力をあたえる瞑想法である。「クンダリニー瞑想法」」のやり方が指南される（桐山一九七九）。

こうした桐山による密教（仏教）とその能力開発の宣伝は、同時代の大衆的な超能力の流行と並走するものであった。一九七四年、イスラエルの超能力者ユリ・ゲラーが日本のテレビ番組に出演し、「スプーン曲げ」を披露して、これが大反響を呼ぶ。番組を通してユリ・ゲラーが念力を送ると、視聴者がテレビの前に用意したスプーンも曲がり、止まった時計が動き始めるなどしたのだ。これを機に日本では超能力ブームが巻き起こるが、そのブームは「超能力は先天的才能のある特殊な人間だけの能力だけではなく、きっかけさえあれば誰もがもちうるもの」という信憑《しんぴょう》に支えられており、「超能力も言ってみれば大衆化された」わけである（吉田二〇〇六）。

オカルト化する密教

かくして超能力と直結した密教について声高に宣揚し、超能力ブームの時代にも呼応した桐山らの活躍によって、日本における密教のイメージは、少なからぬ変化を被った。端的に言って、密教がオカルトの一種と化したのだ。

桐山の『変身の原理』が刊行された翌年、『密教の復権』というタイトルの翻訳書が出版された。著者はイースタン・ケンタッキー大学の哲学科教授で神学者のJ・C・クーパーだが、原著の題名は *Religion in The Age of Aquarius* で、アメリカでの占星術やオカルトの隆盛、ドラッグ愛好者の増加、東洋思想の人気などについて解説した本である（クーパー一九七二）。真言宗などの伝統的な密教とは、ほぼ関係がない。しかし、そうした趣旨の著書が「密教」の本として刊行されているところに、オカルトと密教を同一視する時代思潮が読み取れる。もちろん、密教はオカルトと同一ではないわけだが、そのように考える人々が、一九七〇年代を通して増えていったのも確かなのだ。

在野の仏教研究者である佐藤任《さとうたもつ》は、このあたりの事情について、次のような感想を述べている。

第二次大戦の終るまえまでは、日本で密教といえば、天台密教もあるが、一般的には高野山を中心とする真言宗の教学を称して密教とよぶならわしであったといえる。どちらかといえば、密教というと一般的には、加持祈禱《かじきとう》的な、陰質な性格をまとったものと見なされてきたと言えそうである。ところが戦後、とりわけ日本の高度経済成長がすすんだ頃から、科学技術のもたらした公害やいろいろなひずみが問題にされはじめた頃から、反科学論の出現とともに、合理的思考にたいする一種のアンチテーゼとして起こってきたオカルトや密教ブームの波が高まるにつれて、「密教」の解釈は非常に広い意味をもつようになり、今日では、真言密教は「密教」のなかの一つになったような観すらある（佐藤一九八三）。

オカルトや密教の流行を、合理主義への反動や「反科学」的な側面からのみ理解する佐藤の説明には、やや疑問がある。一見すると非合理的で科学に反するように見える呪術《じゅじゅつ》や心霊現象や超能力を、むしろ科学的に証明しようとする点に、オカルトの真骨頂があるからだ（大野二〇一八）。本書の第二章で用いた言葉を再び使えば、「非合理の復権」と「合理の徹底」の相互作用こそが重要なのである。しかしながら、「桐山密教」に代表される、従来の密教とは明らかに異質のオカルト的な密教の語り方が、一九七〇年代あたりから、伝統的な密教のあり方を相対化したのは、間違いない。

そして、こうした密教観の多様化は、一九八〇年代を通して、さらに加速していく。外来のチベット密教が、多くの日本人を魅了するようになるからだ。

チベット密教イメージの変遷

チベットの仏教（密教）については、戦前の日本でも、ある程度の知識が行き渡っていた。ただし、かなり勝手なイメージが横行していたと言える。たとえば、チベットの仏教事情を日本で初めて詳細に伝えた小栗栖香頂《おぐるすこうちょう》『喇嘛教沿革《ラマきょうえんかく》』（一八七七）は、中国の僧侶たちの著作などをもとに、チベット仏教の僧院生活を堕落したものとして描いた。また、チベット探検の先駆者である河口慧海《かわぐちえかい》（一八六六～一九四五）は、一九〇三年から翌年にかけてチベット体験談を新聞紙上で発表し（一九〇四年に『西蔵旅行記《チベットりょこうき》』として刊行）、世間の耳目を集める。そこでは、死体を切り刻んで鳥に食べさせる鳥葬の習俗など、あやしげな宗教文化に満ちた「秘境の地」としてのチベットが伝えられた。さらに、昭和初期に人気作家の山中峯太郎《やまなかみねたろう》（一八八五～一九六六）が執筆した小説では、チベットの活仏《かつぶつ》（仏菩薩の化身とされる高僧）が豪華な宮殿で数多くの官女に囲まれて暮らすという、淫靡《いんび》なチベット密教像が創作された。これらに対し、真宗僧侶でチベット研究者の青木文教《あおきぶんきょう》（一八八六～一九五六）らが、現地調査に基づく正確なチベット仏教の姿を伝えようと努力する。だが、従来の歪《ゆが》んだイメージのほうが、戦前の日本人の大衆的な幻想により適していたため、これを覆すことはできなかった（高本二〇一〇）。

こうした状態は、日本だけでなく同時代の西洋にも見られた。現地の実態に即さない、偏ったチベット密教の情報が流通していたのである。一方に、チベットの仏教は釈迦の本来の教えを変質させた、迷信的な「ラマ教」だと評価する者がいれば、もう一方には、チベット仏教こそ新たな神秘的世界観の源泉となる「秘密の仏教（Esoteric Buddhism）」だとする、ブラヴァツキーら神智学協会の面々がいた。そして、このどちらの側に属するにせよ、チベットを実際に訪れて現地の仏教に触れる者は、ほとんどいなかったのである（Lopez Jr. 1998、ルノワール二〇一〇）。

一九二七年、神智学協会の一員であったエヴァンス・ヴェンツ（一八七八～一九六五）が、『チベット死者の書』の英訳版を刊行し、一九三〇年代には欧米でチベット密教ブームが起きる。『チベット死者の書』は、チベットで死者が出たときに僧侶が唱える仏典（一種のお経）であり、死後に人間がたどる魂の旅路について記した奥義書だ。同書は、一九六〇年代のアメリカで、LSD等の薬物の使用による「サイケデリック体験」の普及に努めていたティモシー・リアリーらによっても、高く評価される。日常的な意識を超えた次元で、精神の刷新をはかろうとしたリアリーらは、カジュアルな神秘体験のガイドブックとして、『チベット死者の書』を熱心に受容したのである（リアリー&ラルフ&アルパート一九九四）。

仏教学者の川崎信定《かわさきしんじよう》（一九三五〜）は、一九六六年から三年間のアメリカ留学時代に、ニューヨーク州立大学やコロンビア大学で、『チベット死者の書』のヴェンツによる英訳版が、ヒッピーらによって「読む本というよりも礼拝の対象として崇《あが》められているのを見てきた」という。さらに、川崎がアメリカ留学の帰途に一年間を過ごした、インドのダラムサーラやネパールのカトマンズにも「沢山のヒッピー連中がたむろして」いた。彼らのなかには、チベット語を習得し、チベット仏教の僧院で修行や仏典の研究に取り組む者もいて、「ヒッピー恐るべし」という印象を川崎に残した（川崎一九八九）。

日本に帰国後の川崎が、『チベット死者の書』の原典からの日本語訳を刊行したのは、それから二〇年ほどが経った、一九八九年のことである。その頃には、日本でもチベット密教への注目が高まっていた。しかも、それは戦前のような、「秘境の地」のあやしげな宗教文化ではなく、叡智《えいち》に富んだ高度な思想や教えとして、チベット密教が支持を集めたのである。ちなみに、一九七四年にも『チベット死者の書』の日本語訳が出版されているが、こちらはエヴァンス・ヴェンツの英語版からの重訳であり、訳者は在野のオカルト研究者であった（おおえ一九七四）。チベット密教は、一九七〇年代の日本では、オカルト密教の一種として消費されていたのである。

そうした状況を大きく変えた功績は、まずもって宗教学者の中沢新一（一九五〇〜）に帰せられるべきだろう。一九七八年以来、中沢はネパールのラマ・ケツン・サンポのもとで密教の学習と修行を行い、その成果の一端を、一九八一年に『虹の階梯―チベット密教の瞑想修行』として著した。また、一九八三年にはチベット密教とフランス現代思想を接合させた魅力的な作品『チベットのモーツァルト』を刊行し、これがベストセラーとなる。さらに、一九九三年には『チベット死者の書』を解説するＮＨＫスペシャルの番組を監修し、チベット密教のファン層を拡大させた（中沢一九九三）。日本でのチベット密教の市民権の確立に、中沢の著作や仕事はきわめて大きな役割を果たしたと言える。

ニューサイエンスとチベット密教

中沢のチベット密教論は、ニューサイエンスの流行に連動した部分があった。彼は、たとえばチベット密教のマンダラを独自に読み解きながら、「現代科学は、（中略）いまやモダン科学をつくりだした近代西欧の思考の枠組みから、ぬけだしていこうとしています」と述べている

（中沢一九九一）。中沢自身は、ニューサイエンスには「五〇年代のビートニクス時代からの、アメリカ的な伝統が、連綿として流れこんでい」るため、そのローカル性を脱するために、地球レベルの「ポストモダン科学」を開拓すべきだと主張してはいる。とはいえ、彼が自身の密教論を世界的なニューサイエンスの動向に関連付けていたのは確実だろう。

一九七〇年代以降の変貌《へんぼう》する密教とニューサイエンスの連動は、一九八三年九月刊の『現代思想』の「増頁特集＝密教　現実を超越する身体技法」にも見える。心理学者の秋山《あきやま》さと子《こ》（一九二三〜九四）が、カプラ『タオ自然学』などを紹介しながら、密教のマンダラに新たな光を当てているのだ。先に触れたとおり、『現代思想』がニューサイエンスを増頁特集号のテーマとするのは、その四か月後のことである。

『現代思想』のいずれの特集号にも寄稿している秋山は、ユング派の心理学者であった。そして、そのユング派の開祖であるカール・グスタフ・ユング（一八七五〜一九六一）もまた、ニューサイエンスの時代に改めて脚光を浴びた西洋の学者の一人である。ユングは、『チベット死者の書』のドイツ語版（エヴァンス・ヴェンツの英訳版からの重訳）が一九三五年に出版された際、同書に「心理学的注解」を付すなど、チベット密教の教説に強い関心を示した。自身が探り当てようとした、西洋的理性の奥底に広がる無意識の世界にアクセスするには、『チベット死者の書』が有効な導きの糸になってくれるに違いないと、ユングは考えたのだ。

ユングは、チベット密教だけでなく、禅の瞑想や中国の『易経』（占いのテキスト）、近代インドの聖者ラーマクリシュナなどからも多くの示唆を得て、ニューサイエンスの先蹤《せんしょう》となる、心理学的な東洋思想論を提示してきた（ユング一九八三）。そして、その先駆的な業績は、秋山や湯浅泰雄らによって、一九七〇～八〇年代の日本でも積極的な紹介と再評価がなされたのである（湯浅一九八九）。

オウム真理教とチベット密教

チベット密教に感化された世界的な有名人は、ユングだけではない。麻原彰晃《あさはらしょうこう》（一九五五～二〇一八）もその一人だ。言うまでもなく、世界宗教史上に記録されるテロ事件を日本で起こした、オウム真理教の創始者である。

麻原の説法には、チベット密教に由来する言葉がしばしば出てくる。「ポア」「マハームードラー」「グル」などだ。いずれも、言葉の元の意味を多かれ少なかれ曲解しながら用いている。あるいは、「チベットのラマ（聖人）」の言動を例に挙げた説法も少なくない。麻原は、チベットの僧侶に正式に師事した経験はなく、これらの言葉や知識は、すべて本から学んだものと思われる。

その参考文献の一つとしてよく名指しされるのが、中沢新一とラマ・ケツン・サンポ共著『虹の階梯』である。麻原はこの本から少なからぬ影響を受けていたようで、また、麻原の弟子たちのなかにも、同書の愛読者がいたのだ。オウム真理教は、戦後日本における密教の変貌の一脈のなかにも、位置づけが可能なわけである。

ただし、実際にチベット僧に師事した仏教学者の吉村均《よしむらひとし》も指摘するとおり、『虹の階梯』には、「間違った師につくことの危険性」が繰り返し説かれている。また、修行中の神秘体験に囚《とら》われるべきではないことへの注意喚起も記される。チベット密教のガイドブックとして、同書は、きわめてまっとうなのだ。著者である中沢が、ネパールで高僧に師事するかたちで学び修行した成果が、よく活《い》かされていると言える。それに対し、オウム真理教の問題は、「「本の知識」で仏教を学んだこと」にあった（吉村二〇一八）。

他方で、中沢は麻原とオウム真理教の活動に肯定的な発言も行っている。雑誌の企画で麻原と対談し、オウム真理教の「反社会性」や「狂気」を、正しい宗教のあり方として擁護するなどしたのだ。中沢は、オウムという宗教団体に関する十分な調査を行ったわけではない。にもかかわらず、麻原やオウムを高く評価するメッセージを、宗教（チベット密教）の専門家として、メディア上で発信してしまったのだ（平野・塚田二〇一五）。

宗教を「本の知識」だけで実践するのが危険なら、その実態をよく知らずに宗教について語るのも、危うい。チベット密教の興隆のなかで起きた二〇世紀末のオウム事件は、そうした重要な教訓を後世の我々に遺《のこ》してくれたと言えよう。

4　オウム真理教と『脳内革命』

オカルトと科学の混在

一九九五年の地下鉄サリン事件で死者一四名、重軽傷者約六三〇〇名を出したオウム真理教は、科学技術が非常に好きな宗教団体であった。化学兵器のサリンやVXガスの製造、レールガンをはじめとする最新の兵器開発のほか、麻原のDNAを抽出し培養した液体を飲む「DNAイニシエーション」という、疑似科学（医療）的な試みも、教団内ではなされていたのだ。一方で、教祖の麻原がオカルト雑誌『ムー』や『トワイライトゾーン』（現在は廃刊）で「空中浮揚」などの超能力をアピールし、著書『超能力「秘密の開発法」―すべてが思いのままになる！』（一九八六）を刊行するなど、それはオカルト色の濃厚な宗教団体でもあった。そうしたオウムが引き起こしたテロ事件は、まさに「オカルトと科学が混在する悲劇」であったのだ（藤倉二〇一九）。

一九九一年の秋、宗教学者の井上順孝《いのうえのぶたか》は、オウムの出家者や信者たちが「アンダーグラウンド・サマディ」の修行に取り組んでいる場面に、たまたま出くわす。アンダーグラウンド・サマディとは、密閉された地下の部屋で長時間にわたり意識を集中するという、オウム独自の修行法だ。それが麻原の高弟の上祐史浩《じょうゆうふみひろ》によって試みられている「非常に印象的」な光景を、井上は次のように記す（井上二〇一五）。

彼らはコンピュータのディスプレイにじっと見入っていた。そこには上祐が入った地下の部屋の酸素濃度と二酸化炭素の濃度の数値が刻々と映し出されていた。まるで実験結果を固唾《かたず》をのんで見守るという様子であった。修行と科学実験の二つの要素が入り混じったような光景と形容すればいいであろうか。

麻原は、自身の説法に科学用語をちりばめ、自らが習得したとする超能力にも、科学的根拠があるかのようにふるまった。そうした彼の姿勢は、単に本人の言動だけでなく、弟子たちによる修行の科学実験という形態でも表現されたわけである。そして、井上が鮮やかに想起する右の場面は、本書の前章で見た、禅僧の脳波測定の実験を連想させもする。「座禅と脳波学のドッキングする」あの光景だ。オウム真理教による活動の一端は、戦後日本の宗教と科学をめぐる想像力の拡がりの圏内に、確かにあった。

科学者たちがオウムに求めたもの

オウム事件が世間の大きな関心を引いた理由の一つに、同教団に入れ込んだ高学歴の出家者や信徒たちの存在がある。特に、医学や理工学を大学院などで研究した理系の秀才たちが教団に集った点に、メディアの興味は注がれた。オウムのようなオカルト的な宗教団体に、なぜ、科学者たちが魅了されたりしたのだろうか、と。

超能力の批判的な研究で知られる安斎育郎《あんざいいくろう》は、若い科学者たちがオウムに参加した理由について、いくつかの観点から論じている（安斎二〇〇二）。オウムが若手研究者に対し、大学や企業とは異なる比較的自由な研究環境を与えたことや、宗教団体としては異例なほどに、科学技術の研究施設に資金を投じた点のほか、注目すべきは、オウムが科学者たちに「人生、どう生きるか」という目的を与えた、という指摘である。安斎は次のように説明する。

若い研究者の中には、「自分が研究者として生きる価値とは何なのか」について悩んでいる人も少なくありません。真面目な研究者ほど、惰性で日常に流されるような生き方に疑問を感じ、焦燥感にさいなまれがちです。麻原彰晃教祖は、「君の優れた研究能力を衆生を救済するために役立ててみないか」と研究者たちにアピールしました。それは、研究者がオウムに身を移す上での大義名分を与えた面があります。

科学は、物理や生命の真相を解明し、世界を変える技術の開発につながる力を持つ。だが、人間の生き方を定める「価値」は、何も示さない。対して、オウムはそうした「価値」を模索する若い科学者たちに、人生の目的を与えた。そして、オウムの内側で自分の人生や研究に

「価値」を付与された若者たちは、自らが操作する科学技術によって、オウムの外側の世界の一部を破滅へと向かわせたのである。

こうしたオウム事件の顛末《てんまつ》には、ニューサイエンスの時代の息吹《いぶき》が感じられもする。先述のとおり、カプラは「物理学者はわれわれを仏陀にも原爆にも導く」とニューサイエンスの時代における科学者のあり方を詩的に述べた。この語り口にそって言えば、オウムに集った科学者たちは、理想は「仏陀」を目指そうとして、けれど現実には「原爆」の側へと人々を導いてしまったように思える。

そして、そのような方向に科学者たちを誘《いざな》った要因として、一九七〇年代に大衆化した超能力の存在は、とても大きかっただろう。たとえば、早川紀代秀《はやかわきよひで》（一九四九〜二〇一八）は、大学院で自然科学を学びながらも、ユリ・ゲラーのスプーン曲げに強い興味を抱いた。それから、ヨガや瞑想にはまった彼は、桐山靖雄のニホンメディテーションセンターなどを遍歴した後、麻原の著書『超能力「秘密の開発法」――すべてが思いのままになる！』に出会い、超能力は実際にあると確信する。その後、麻原の弟子となり修行中に「グルと一体化して溶け合う」神秘体験を得た早川は、現代科学では証明できない「未知のエネルギー」を固く信じながら、他方でサリンプラントの建設に携わるようになるのだ（藤田二〇一七）。

すなわち、オウムが科学者たちに提供したのは、彼ら個人の生き方を定める「価値」だけではなかった。普通に生活しているだけでは得られない、常人とは異なる特別な能力もまた、オウムあるいは麻原は授けてくれたのだ。少なくとも、その種の能力をオウムが授けてくれるという、強固な信仰が、教団内では共有されていた。同時代のオカルト的な想像力を背景とした、宗教と科学の混在する目のくらむような信仰が。

『脳内革命』と「瞑想」

そのような信仰の共同体が東京の地下鉄で化学兵器を使用してから、三か月とたたない一九九五年六月、『脳内革命―脳から出るホルモンが生き方を変える』（サンマーク出版）という本が刊行され、四百万部を超える歴史的なベストセラーとなる。本の著者は、「子供のころから東洋医学に接し、長じて西洋医学も学」んだ医師の春山茂雄《はるやましげお》（一九四〇〜）。同書は、脳から出る「脳内モルヒネ」をうまく活用することで、心身の健康や長寿を実現するための方法を説いた作品だ（春山一九九五）。

脳内モルヒネを分泌させる手段として、春山は「食事」「運動」「瞑想」の三つを挙げる。このうち、春山が特に重視するのが、「東洋医学の中心思想」としての瞑想だ。瞑想を行えば脳からモルヒネとともにα《アルファ》波が発生し、多くの健康問題は解決されるのだという。

そして、春山の考えるところ、瞑想は世間一般がイメージする「禅やヨガ」などに限られない。「自分が「気持ちがいい」と感じることを思い浮かべるのも瞑想」なのだ。「たとえば高齢者の方でしたら自分のお孫さんのことを考えたり」するのも「瞑想」の一種というわけである。

だいぶ間口の広い瞑想のとらえ方だ。

春山がこのように瞑想の範囲をかなり広くとらえるのは、彼が瞑想を、「α波」や「脳内モルヒネ」を引き出すための手段としてのみ理解するからである。

瞑想の目的は脳波をα波にすることです。α波が多くなってくると、脳内モルヒネが出てきます。だんだん慣れてくると、瞑想中には自分の思ったとおりのものになれるようになる。これはひじょうに幸福感をもたらすもので、それが味わえるようになると、病みつきになってきます。

禅やヨガなどの瞑想は、本来、脳を操作して幸福になるための方法ではない。少なくとも、それだけが目的で創造されたわけではない。だが、瞑想がもたらす実際的な効能に強いこだわりを持つ春山にとっては、禅もヨガも、人間の幸福感を醸成する手段に過ぎないのだろう。そうであれば、禅やヨガが、「気持ちがいい」と感じることの想像と一緒くたに「瞑想」として位置づけられるのも、何ら不思議なことではない。

アルファ波と「科学的現世利益」

もっとも、瞑想を脳の技術的な操作として理解するような風潮は、『脳内革命』以前から存在した。前章で見たとおり、禅の科学者のなかには、「「坐禅」によってアルファ波を自由につくり出すことができる」という発見について、誇らしげに語る人物がいたのである。

あるいは、禅という特定の宗教伝統を離れてアルファ波の効用を解説する科学者も、春山に先んじて登場している。「能力開発研究所所長」(現在は同所相談役)の志賀《しが》一雅《かずまさ》だ。一九八五年に『能力全開 アルファ脳波の驚異』(ごまブックス)を刊行し、禅やヨガなどの瞑想のみならず、クラシック音楽の鑑賞やレム睡眠によって脳から出てくるアルファ波によって、記憶力や集中力の強化や、心身の健康の維持などが可能になると説いた。志賀は、タバコも吸いようによってはアルファ波が出ると指摘し、「タバコも、おいしいと思って吸えば害は少ない」などと主張している(志賀一九八五)。

志賀は以後も、『アルファ睡眠法—α脳波を生かした眠り方のコツ』(一九八八)、『アルファ脳波術によるメンタルダイエット—食欲中枢をコントロールして健康に痩せる法』(一九九四)といった同工異曲の著書を同じ出版社から刊行し、さらに、『脳内革命』が大ベストセラーになった後には、『アルファ脳波革命』と題した便乗本を出している(志賀一九九六)。脳の操作による心身の改良を試みるという点においては、志賀の著作と春山のそれの趣旨は、大差ない。

ただし、ニューサイエンスとの関連性という点では、春山の本のほうが、よりはっきりとニューサイエンスとのかかわりが強い。『脳内革命』の参考文献には、ソニーの技術者であった天外《てんげ》伺朗《しろう》(本名 土井《どい》利忠《としただ》)の著書『ここまで来た「あの世」の科学』(祥伝社、一九九四)が掲載され、また、同書では船井総合研究所会長（当時）の船井幸雄《ふないゆきお》（一九三三〜二〇一四）の名前が何度か登場する。天外は、超能力研究に巨額の資金を投じていた時代のソニーのキーパーソンの一人であり（天外一九九三）、船井は、インドの宗教家マハリシ・マヘーシュ・ヨーギーが開発し欧米で人気を博したＴＭ瞑想（超越瞑想）の信奉者であった。ＴＭ瞑想もまた、神秘主義と科学的な知見が組み合わされた瞑想法の一つである。春山の『脳内革命』は、こうしたニューサイエンスの思想や運動の強い影響下で書かれた本なのだ（尾形一九九七）。

戦後日本では、坐禅中の脳波測定によってアルファ波とその効能が世間の耳目を集め、それはやがて、禅との関連性を次第に弱めつつ、能力開発に応用されるようになる。そして、宗教と科学の融合がかつてなく称揚されたニューサイエンスの時代に、「瞑想」が生み出すアルファ波による健康改善や長命を唱える書物が、売れに売れた。瞑想から「科学的現世利益」を獲得しようとする欲望は、もはや特定の宗教伝統からほぼ完全に自由になって、世紀末の日本人の心身を、ひたすら突き動かしたと言えるだろう。

「神」と「聖人」による殺人

『脳内革命』には、ほかに参考文献として山口修源《やまぐちしゅうげん》『仏陀出現のメカニズム―拡大せし認識領界』（国書刊行会）という本も挙げられている。同書の帯には、「解脱への道が科学的に示された！」「解脱は精神における波動関数の崩壊によって導き出される。その瞬間、無明なる遺伝子は解放され、大脳の第三脳室が蘇生《そせい》する。」などと記される。著者の山口は、山岳修行や各種の瞑想に取り組んだ後、「一九九〇年、三十代半ばにて遂《つい》に因縁の地イスラエルの荒野に於《お》いて二ヵ月の感応の行を成し、キリストの出現に出遇《であ》い、阿羅漢果《あらかんか》（悟）を得」たと、同書の著者プロフィールにある（山口一九九四）。

「これからの宗教は科学性を持たなければいけない」と断言する同書は、カプラやプリブラムらニューサイエンスの科学者や、ユング心理学の見識に依拠しながら、「悟」のメカニズムを解説する。そして、脳科学を援用しつつ、人類の「霊性」発達の構造を論じる。

いかにも時代の産物といった感じの凡庸な作品だが、読み進めていくと、唐突に「殺人は罪ではない」という話が始まり、意表を突かれる。いわく、「人の命は地球より重い」とする見解があるが、戦争や交通事故で、これまで大量の人間が殺されてきた。「正義」のための戦いや、自動車が可能にする快適さのためには、「一個の命」には必ずしも価値がない、とするのが、人間社会の現実だろう。個人の利害関係が理由の殺人は罪とされるが、社会が容認する殺人は、罪とはみなされないではないか。

山口はそう述べた上で、「少し話は飛躍するが」と断りながら、次のように言い放つ。

敢《あ》えていえば、聖人は人を殺しても良いが、凡人は人を殺してはならない。なぜなら凡人の殺人は執着をもって行なわれるため一層の因縁を生じさせていくが、聖人のそれは無欲にして天意に添うものであるから「罪」（sin）とはならないのである。その典型は「神」が行なわれ続けている「殺人」である。「神」は交通事故や病気や天災等で常に大量殺人をし続けておられる。これは各人の因縁の結果である。しかし、その因果律を定められたのは「神」（宇宙的情報）に他ならない。それ故、この世に在っては神に準ずる聖人の「殺人」は何ら「罪」（sin）とはされないのである。

まるで麻原彰晃の説法を聴いているような気がする。自己への執着を超越した心境にある者であれば、他者への暴力を行ってもかまわないとするのが、麻原の、弟子たちに対する言い分であった（碧海二〇一二）。むろん、これは麻原が弟子に殺人を指示するにあたって用いた理屈の一つである。

宗教的ないしは超越的な思想が科学と結託したとき、「聖人」や「神」の立場から他者の生命や人権を軽視するような発想が、生まれやすいのだろうか。あるいは、特定の宗教伝統ではなく新しい科学によって根拠づけられた瞑想の実践者たちは、「凡人」を超えた境地から、常識を逸脱する傾向が強いのであろうか。

宗教と科学がまた改めて手を結び、瞑想の評判が高まる二一世紀の現在、これは真剣に考えておくべき問いである。

終　章　心身の新世紀

1　マインドフルネスと仏教

ビジネスと医療での人気

現在、「マインドフルネス」が世界的なブームと化している。マインドフルネスとは、端的に言えば瞑想《めいそう》法の一種である。仏教に由来する瞑想法を、その宗教性を除去するかたちで再設計した瞑想法だ。あるいは、広義には、そうした瞑想法をもとにした生き方や考え方も「マインドフルネス」に含まれるだろう。そのような瞑想法や考え方が、世界中の人々を魅了しつつある。

ブームの発信源は、アメリカのとりわけ西海岸だ（木蔵二〇一七）。ＩＴ企業の集まるシリコンバレーのビジネスパーソンのあいだで、二〇一〇年前後からマインドフルネスが流行しはじめ、その勢いが、日本を含めた世界中に波及している。

グーグルは、そうした現代のマインドフルネス・ブームを牽引《けんいん》してきた企業である。チャディー・メン・タンという天才プログラマー（グーグルの検索エンジンの設計に従事）が、社内での人材育成のために「サーチ・インサイド・ユアセルフ」と名付けられた瞑想プログラムを開発し、これが社内で大人気となった。このプログラムでは、マインドフルネスの効果が神経科学等の知見から理論的に根拠づけられ、瞑想が宗教的な修行ではなく、科学的なテクニック、あるいはメンタル・トレーニングの一種として再構築された（タン二〇一六）。以後、グーグルのみならず広くアメリカの――次いで世界の――ビジネスパーソンに、瞑想が愛好されるようになったわけである。

一方、マインドフルネスは、医療関係者のあいだでも支持者を増やしつつある。アメリカでマインドフルネスが普及しはじめたのも、もともとは医療の文脈であった。最大のキーパーソンは、ジョン・カバットジン（一九四四〜）という、マサチューセッツ大学医学部名誉教授の医学者だ。一九七〇年代末頃より、仏教瞑想から仏教色を取り除いた瞑想法を教え始め、これを「マインドフルネス・ストレス低減法」として普及させた人物である（カバットジン二〇〇七）。この瞑想プログラムは、ストレス、慢性疼痛《とうつう》、不安、うつ病など、もっぱら心理的な病の治療への効果が実証され、現在では医療現場だけでなく、学校や刑務所などでも応用されるようになっている。

ビジネスと医療（心理療法）、これが世界中の人々にマインドフルネスが受け入れられる際の、二つの大きな経路であると言えよう。日本でも、仕事のパフォーマンスの向上のためにマインドフルネスを薦める本や、心の休息や不安の解消に役立つ瞑想の素晴らしさを説く書物が、ひっきりなしに出版されている。そして、そのうち多くの書物が、マインドフルネスや瞑想の効果の、科学的な根拠を語る。マインドフルネスを行えば、人間の認知の仕組みが改善されるだけでなく、脳や遺伝子をもプラスの方向に変化させ、それは各種の実験結果から確かめられる、といった語り口だ（友原二〇二〇）。

マインドフルネスや瞑想を早い時期から実践してきた研究者や心理療法家のなかには、マインドフルネスの意義とともに、その危険性について注意深く述べる者もいる（井上・大谷二〇一八）。瞑想によって精神疾患をむしろ引き起こしてしまう可能性や、科学的根拠の曖昧《あいまい》なマインドフルネスの「効果」が、メディアを通して鵜呑《うの》みにされてしまう恐れなどがあるのだ。ブームに安易に乗って瞑想に入れ込んだ結果、本人にとって不幸な状態に陥ってしまう「瞑想難民」も散見される、などといった指摘もある（プラユキ・ナラテボー&魚川二〇一六）。

実利と解脱のあいだ

こうした懸念もありながら、近年のマインドフルネスの拡大は、とどまるところを知らない。アメリカの宗教学者ジェフ・ウィルソンは、自国での空前のマインドフルネス・ブームの現状を、多角的に検討した（Wilson 2014）。彼の見るところ、マインドフルネスの流行は、一面では、瞑想を商品として利用する一大マーケットの形成を意味する。そこには、能力開発やダイエットなどの現世利益を、関連書籍や講習会への参加で習得した瞑想法から得ようとする「消費者」たちが群がっているのだ。しかし他方で、マインドフルネスの実践者の増加は、より道徳的な世界を導く可能性も有する。瞑想に基づく心穏やかで利他的な生き方のもと、この地球に平和をもたらそうと願う人々が、数を増やしているようにも思えるのだ。

このようにウィルソンが活写するアメリカ社会のマインドフルネスをめぐる現状は、日本でも規模はより小さいが似たようなものを確認できる。同志社大学 Well-being 研究センター長の飯塚《いいづか》まりは、現代日本のマインドフルネスに関する現象や議論を幅広く見渡し、状況を整理しながら、マインドフルネスを「実利」と「解脱」の二つに大きく分類する。前者（「実利」）は、心理療法に応用される瞑想や、「現世に役立つ技法」としてのマインドフルネスであり、後者（「解脱」）は、宗教性が強く「悟りへの道」を求めるマインドフルネスである。ただし、この二つは必ずしも相反するものではなく、実利的なマインドフルネスが、やがて人間の心身や世界の成り立ちに関する深い気づきへと人を誘《いざな》い、利他の精神を養う可能性もあることを、飯塚は的確に論じる。そうした気づきの深まりは、考えようではマインドフルネスの「進化」だと言えよう（飯塚二〇一八）。

以上のような検討を進める際、ウィルソンも飯塚も、マインドフルネス・ブームに仏教がどう関与してくるのかに、正しく注意を向けている。仏教瞑想に由来するマインドフルネスの拡がりは、アメリカ社会における仏教の新たな展開としても理解できるし、あるいは、日本での仏教的な文化やライフスタイルが更新される契機のようにも見えるからだ。マインドフルネスの流行は、果たして、仏教をどう変化させうるのだろうか？

カバットジンの仏教観

この点について考える上で、マインドフルネス・ストレス低減法の生みの親、カバットジンの仏教に対するスタンスは示唆深い（Kabat-Zinn 2005）。彼は、自らを「仏教徒（Buddhist）」ではなく「仏教瞑想を学ぶ者（student）」だと規定する。日本や韓国から輸入された坐禅《ざぜん》や、東南アジアの上座部仏教が伝えてきたヴィパッサナー瞑想を、自らの身をもって学び、心理療法などへの応用のためにこれらを研究する人間として、彼は自己を位置付けるのだ。

カバットジンによれば、マインドフルネスは注意深さや気づきを得るための方法であり、そして、そうした意識を深めるためのアプローチは、仏教に決して限られない。マインドフルネスのエッセンスは、洋の東西を問わず、特定の宗教や哲学を超えて、世界中で発見可能な普遍的なものなのである。

彼の見るところ、ブッダは、人間であれば誰もが抱える苦しみに正面から向き合い、瞑想を通して生老病死という苦しみの構造の本質を見通した、科学者のような存在だ。ブッダが真理として語った「法（Dharma）」もまた、仏教徒にのみ排他的に当てはまる法則ではない。それは、たとえばニュートンが発見した万有引力の法則や、ノーム・チョムスキーが理論化した生成文法（人間が言語を獲得する上で生まれつき備わっているとされる脳の機能）のように、地球上のどこにでも、人類ならば誰にでも適応可能な普遍性を有する、とカバットジンは主張する。

こうした彼の仏教観は、一方では、仏教の宗教としての固有性を相対化し、科学的な知見の一種に還元するイメージを世に提供するものだ。しかし、少し見方を変えれば、仏教に関する彼の積極的な言及は、これまでアメリカ社会ではあまり知られてこなかった仏教の普遍的な魅力――その著しい科学性――を、同国の人々に教える役割も果たしているようにも思える。

カバットジンは、鈴木大拙や曹洞宗《そうとうしゅう》僧侶《そうりょ》の鈴木俊隆《すずきしゅんりゅう》（一九〇五～七一）など、アメリカに渡った日本の著名な禅者からの影響下で、坐禅に取り組むようになった。また、カバットジンのマインドフルネス・ストレス低減法は、東南アジアとりわけミャンマー仏教に伝わるヴィパッサナー瞑想の系譜にも、位置づけが可能である（Braun 2013）。彼の設計した治療法は、表面上は仏教色を排しているとはいえ、元になった技法は、本人も自覚するとおり、仏教瞑想そのものなのだ。

そして、アメリカで禅を広めた二人の鈴木――大拙と俊隆――は、伝統的な禅の理解から多かれ少なかれ自由なスタイルで、禅を語り、坐禅を指導した（チャドウィック二〇一九）。また、アメリカにミャンマーの仏教瞑想が伝来した背景としては、イギリス統治下のビルマ（現ミャンマー）で、僧侶たちが自国に固有の文化的アイデンティティを模索するなか、仏教瞑想を、出家者だけでなく広く国民的に実践できるようアレンジしたという経緯が大きい。ミャンマーの一般人に開かれた瞑想が、さらに国境を越えてアメリカに伝播《でんぱ》し、これがマインドフルネスの主要な基盤の一つとなったのだ。

すなわち、カバットジンの仏教に関する語りと、瞑想に基づく治療法の普及の実践は、仏教になじみのないアメリカの人々に、間接的に仏教に触れ、その真価を感得するための機会を、少なからず提供してきたと言える。

宗教の効率の悪さ

ただし、仏教とその瞑想法を、特定の宗教伝統から解き放ち、普遍的な真理や実践として再編成するカバットジンの試みは、場合によっては、仏教に対する無関心へと人々を導きもするだろう。仏教についてよく知らなくても、カバットジンが称賛する瞑想の効果は得られるのだから。あるいは、カバットジンのように一時は仏教に深く関与しながらマインドフルネスを開拓した人物ではなく、すでにマインドフルネスが一定の普及を見せた段階で、その有効性の証明と、さらなる普遍化を目指す者にとって、マインドフルネスの由来としてある仏教には、特にこだわる必然性がないはずだ。

たとえば、著書が三〇か国で読まれているという、オーストラリアの医師ラス・ハリスは、マインドフルネスを応用した心理療法ACTに関して、次のように述べている（ハリス二〇一五）。

マインドフルネスとは気づき（awareness）、心を開き（openness）、集中した（focus）状態のことで、肉体的にも心理的にも大きな恩恵をもたらす。東洋では数千年にわたって親しまれてきた手法だが、西洋においては、ヨガや瞑想、太極拳、あるいは仏教、道教、スーフィズム（イスラム神秘主義）などのいにしえの東洋の慣習を通してしか触れることができなかった。残念なことに、これらを通して習得するには膨大な時間と厳しい修行が必要な上、現代の非宗教的社会にはなじまない信仰や儀式がついて廻《まわ》る。これに比べ、ACTは科学に基づいた手法で、宗教やスピリチュアルな信仰とは無縁だ。ACTではマインドフルネスの手法を素早く効果的に、ほんの数分で伝授することが可能だ。

マインドフルネスがもたらす人間の心身への恩恵は、遥《はる》か昔から、仏教などの東洋の宗教伝統がもたらしてきた。だが、その恩恵を得るために必要な長い時間や重い労力は、マインドフルネスが一般化した現在、省略が可能であり、また、現在の「非宗教的社会」では、意識的に省略すべきである。こうしたハリスの考えに同意する者たちにとっては、仏教をはじめとする宗教など必要ないどころか、むしろ効率の悪さを助長するので、積極的に排されるべきだろう。

要するに、マインドフルネスの流行は、その担い手や受け手の仏教に対する距離感によって、新鮮な態度で仏教を受容する契機にもなれば、逆に、仏教を避けようとする意識を高めるきっかけにもなり得るのである。

禅僧からのリアクション

そうしたマインドフルネス・ブームの性格を、仏教者の立場から最も鋭敏にとらえ、様々な発言を行っているのが、アメリカ帰りの曹洞宗僧侶、藤田一照《ふじたいっしょう》（一九五四〜）だろう。藤田は、マインドフルネスは仏教の教えと修行のシステムから、「正念《しょうねん》」（正しい心の持ちよう）という一部だけを切り取って実用化したものだと喝破する。そして、仏教が乗り越えようとしてきた、「個体」としての自己への認識――「自分というものがここにいて、それと分離した形でいろいろな物や人が自分の周りに存在している」という誤ったビジョン――を、マインドフルネスがより強化してしまう危険性を、彼は的確に指摘する（藤田二〇一六）。

とはいえ、藤田はマインドフルネスを全面的に否定しているわけではない。むしろ、ものの正しい見方とともに実践されれば、マインドフルネスには大きな可能性があると彼は考える。すなわち、それは「すべてがつながっている」という「正見」に基づくマインドフルネスだ。藤田は、仏教の伝統に照らして正しいマインドフルネスであれば、喜んで認めるべきだ、とするのである。

そう主張する藤田の念頭にある仏教の伝統は、基本的には、禅である。藤田のマインドフルネスに対する評価の仕方は、彼の禅への見方に基礎づけられている。

坐禅についての理論的な考察を行った著作で、藤田は、坐禅を特定の呼吸法や瞑想法の一種とする理解を退ける（藤田二〇一九）。現代の瞑想法は一般に、「頭の回転が良くなるとか、こころが落ち着くとか、健康になるという世俗的な目的」や、あるいは「悟りや超越的な智慧《ちえ》を獲得するといったスピリチュアルな目的」を喧伝《けんでん》する。だが、道元が説く「只管打坐《しかんたざ》」の禅の核心は、そうした個人の目的意識から自由になり、ただこの世界に「在る」状態へと自らを解き放つことにあるはずだ。藤田は論じる。

> わたしが言いたいのはそれらの瞑想法がいけないとか間違っているとか、やってはいけないとかいうことでは決してなくて、只管打坐の坐禅とそれらの瞑想法とは基本的に性格というか質が違う、ものが違うということなのです。これは、優劣の問題ではなく質の違いの問題です。わたしが思っているのは、よくある両者の混同を避けて、坐禅の本来のあり方をはっきりさせたいということです。

藤田は、ここでも実用的な瞑想法の意義を必ずしも否定しているわけではない。しかし他方で、自らが明らかにし伝えようとする「坐禅」は、そういった世間の瞑想法とは次元が違う、とはっきり主張する。こうした禅に固有の価値への信念が、藤田のマインドフルネス評価の根底にはあるだろう。

また一方で、藤田はマインドフルネスの有用性の根拠となる、瞑想の科学的な研究にも、決して否定的ではない。坐禅には、普段あまり意識に上らない内臓の働きを整える性格があると指摘しつつ、藤田は「余談」になると断りながらも、次のように述べる。

坐禅と脳の関係は脳波計、fMRI、PETといった様々な脳の活動の測定装置を使って盛んに研究されています。それは実は坐禅においては「末」の部分を研究しているということになります。ですから、坐禅にとって「本《もと》」である内臓に注目した研究がもっと真剣になされる必要があります。

坐禅はまずもって内臓の働きを調整し、それゆえにこそ脳の働きを変化させる。内臓が「本」で脳が「末」だ。にもかかわらず、坐禅の科学的研究の多くは、脳に注目しがちである。そうした現実を踏まえながら、藤田は、坐禅中の内臓の変化に関する科学的研究の可能性を提示するのだ。

マインドフルネスを批判的にとらえながらも、そこに一定の意義を認め、また、坐禅を他の実用的な瞑想法から差別化させようと試みながら、瞑想の効果の科学的研究の推進に対しては、独自の提言をする。こうした藤田の仏教者あるいは禅僧としてのバランス感覚の良さは、日本でのマインドフルネス・ブームに一石を投じながら、そこで重要な貢献をなしているように思える。

そして、こうしたマインドフルネス・ブームへの仏教者の参与は、本書でこれまで見てきた、瞑想をあいだに挟んだ仏教と科学の様々な交渉の歴史の、明確な延長上にあると言ってよい。

2 「人」の探究へ

反復される歴史

本書を通読してきた読者であれば、以上に概観したマインドフルネスの現状や、その仏教との関係には、どこか既視感があるはずだ。近現代の日本で既になされてきたことが、現在、かたちを微妙に変えながら、日本を含めた世界中で反復されているのである。

何が反復されているのか。まずもって、仏教の性質や瞑想の効能を科学的に検証し、これらを仏教の枠内から科学の領域へと移そうとする運動がある。

明治の心理学者である元良勇次郎は、自らの参禅体験をもとに禅の心理を考究し、そこから得られた見識を、教育に役立てようとした。元良はまた、人間の哀《かな》しみを癒《い》やすための方法として、催眠術が仏教その他の宗教に取って代わる可能性を示唆した。そして、元良と同時代に催眠術を科学的に研究した人々は、僧侶による加持祈禱《かじきとう》の力や、坐禅がもたらす精神状態は、催眠術でも再現できると主張した。また昭和初期には、空海が日本に広めた真言密教を、心理学ないしは生理学的な観点から再評価し、これを日本国民の心身と道徳の改善のために用いようとした科学者もいた。

さらに、戦後になると、坐禅の効能を脳波測定などの科学実験に基づき解明する、禅の科学が台頭する。その担い手たちは、ときに自分たち科学者こそが、伝統仏教の僧侶よりもむしろ、今後の禅のあり方を正しく見通せると公言した。それからしばらくの後、瞑想中の脳波測定から確認されたα《アルファ》波の健康改善などへの効果を、仏教とは無関係に宣伝する本が、多くの日本人を魅了した。

現在流行中のマインドフルネスもまた、仏教瞑想のうち科学的に見て有効そうな部分を確かめながら、仏教色を取り除くかたちで設計し直された瞑想法である。仏教と科学をめぐる日本の近現代史を知る者にとって、そこには当然、既視感がある。

また、仏教の科学化に対して異論を示す仏教者がときに出現するという構図も、日本の近現代史と現在のマインドフルネス・ブームで共通する。心理学などの近代科学を貪欲《どんよく》に取り込んだ明治の仏教者である井上円了は、他方で科学的なアプローチでは決して到達できない、仏教に固有の真理の次元を強調した。その円了が高く評価した催眠術は、後続の仏教者たちによって禅や浄土教の説明のために援用されたが、彼らもまた、催眠術では決して再現できない、仏教の修行者に固有の境地を誇示した。さらには、宗教と科学を融合させた健康法を、単に心身の治療や養生だけでなく、「即身成仏」という密教が重んじる心身変容への道と結びつけた、藤田霊斎のような僧侶もいた。

戦後には、禅の科学にきわめて批判的な禅僧たちが出現すれば、禅の伝えてきた「悟り」は、そもそも科学で接近できるものではなく、宗教と科学は根本的に異なるとした鈴木大拙の発言も注目された。あるいは、仏教をはじめとする東洋の思想や瞑想法を、ただ科学的に分析するだけではなく、むしろ西洋発の科学技術が抱える問題を乗り越えるための技法と位置付ける、湯浅泰雄のような哲学者も登場した。

加えて、仏教および瞑想から「科学的現世利益」を引き出そうとする運動も、近現代の日本でひたすら反復されてきたと言える。佐藤幸治の仕事に代表される禅の科学はその典型だが、それ以上に興味深いのは、仏教や瞑想が可能にする能力開発の究極形態として、超能力の獲得をもくろむ動向である。明治以降の日本では、福来友吉がその筆頭に挙げられる科学者だろう。彼は、高野山などでの修行に励み、仏教のエッセンスは超能力にあるはずだと信じた。

戦後になると、桐山靖雄が密教という「サイエンス」が可能にしてくれるはずの超能力の普及に努めた。桐山のように、一九七〇年代以降に大衆化した超能力を前面に掲げて多くの信者を引き寄せたのは、麻原彰晃の率いるオウム真理教もまた同様であった。

そして、超能力を信じ科学技術に耽溺《たんでき》したオウムがテロ事件を起こし、他者の生命を破壊したのとほぼ同時期には、「悟」や「霊性」の科学を説く本のなかで、「凡人」を超えた「聖人」や「神」による殺人の肯定が語られていた。前章末で述べたことを、ここで再び繰り返そう。

宗教と科学がまた改めて手を結び、瞑想の評判が高まる二一世紀の現在、この種の問題の構造は、真剣に考えておくに値する。

能力開発の危険性

超越的な真理への開眼を目標に据えた宗教は、その真理を体得する過程で、特殊な能力を当事者に付与する場合がある。たとえば、仏教の修行者には神通力すなわち超能力が備わることもある、というのは、昔から言い古されてきたことだ。あるいは、仏教瞑想によって、心身ともに健康になり、注意力や記憶力が高まるというのも、僧侶や仏教徒によって体感的に理解されてきた。

ただし、こうした仏教が可能にする能力開発は、あくまでも仏教者が真理に至る過程で得られる副産物であって、それ自体が目的なのでは断じてない。頑健な身体や強靱《きょうじん》な精神力は、自己の悟りの達成や他者の救済のためにこそ必要とされるのであって、ただ個人の能力を高めるためにあるのでは、本来ない。

だが、宗教と科学の結託は、仏教や瞑想がもたらす能力開発の効果を、仏教が本来目指す真理の探究とは切り離して追求し活用する意欲に火をつけた。近代科学の歴史は、新しい技術開発の歴史と不即不離である。科学の進展は、人間の生活を便利にする様々な技術を生み出してきた。したがって、科学が宗教に適用される際にも、やはり、（超）能力開発という技術的な方面へと、当事者の意識が向かいやすいわけである。

そして、科学を背景とした技術による人間の能力開発が、あまりに行き過ぎると、それは人間社会を成り立たせるための倫理の崩壊にもつながりうる。

哲学者のマイケル・サンデルは、遺伝子操作や生物工学によって身体能力や知能の強化(エンハンスメント)がなされた人間が増えると、社会的な分断が際限なく進む恐れがあると指摘する(サンデル二〇一〇)。社会的連帯の基盤には、自己の能力は偶然に与えられたものである、という信念の共有が必要だからだ。そうした信念がある限り、たまたま高い能力を持って生まれ、それゆえ社会的強者になった者たちも、自分の成功の理由を自分の能力にのみ帰するという独善には陥りにくい。そして、たまたま低い能力を持って生まれ、それゆえ社会的弱者になった者たちにも、彼らは手を差し伸べられるはずだ。

しかし、遺伝子操作や生物工学により高い能力の獲得が偶然から必然に変わると、こうした社会的連帯の基盤が崩れる可能性がある。科学によって意図的に高い能力を与えられた、もしくは自ら能力を手に入れた人間は、自分の成功の理由を自分の能力にしか認めず、ひたすら自己完結した結果、同じ社会に生きる他者への配慮を失うからだ。

こうしたサンデルの議論は、あくまでも、遺伝子操作が普及した未来社会を想定した上で行われている、一種の思考実験である。とはいえ、宗教と科学の結びつきによる人間の能力開発が、ときとして自己の神格化と、他者の生命や人権の軽視を導くという問題について考える際、大きなヒントとなりうる着想の一つだろう。宗教がもたらす（超）能力を、「神」からの恩恵ではなく自らが操作する科学技術によって身に付けた「聖人」は、そうした能力を持たない「凡人」とともに生きるための倫理を見失うのではないか、といったように。

人間が「神」になる

あるいは、科学技術によって人間が「神」となる未来は、そう遠くないとする見方もある。歴史学者のユヴァル・ノア・ハラリによる予見だ（ハラリ二〇一八）。ハラリは、今後の世界の富裕層は、生物工学やサイボーグ工学を用いることで、自らを通常の人間から不老不死かつ超人的な能力を有する「神」へとアップグレードするだろうと予想する。この説は、一聴しただけでは、ＳＦ的な絵空事のように思える。だが、医療の発達や衛生環境の改善によって、確かに人類全体の健康状態が日進月歩で改良され、寿命も延び続けている。また、情報技術の進展によって、かつてであれば超能力とされたような能力――世界中の出来事やモノに関する膨大な量の情報へのアクセスや、自己に関する情報の、個々人の認知や記憶力を超えたデータベースの活用など――を、我々は現に得ている。それらの延長で、やがては人類が「神」になる日も来るのかもしれない。

もし今後の人類が「神」になるとすれば、当然のことながら、人類はこれまでのような「人間」ではなくなる。こうしたハラリの言明もまた、一聴すると誇大な妄言のように感じられる。

だが、現代の生命科学や情報技術は、確かに既存の人間観を掘り崩しつつある。人間は遺伝子と環境圧によって規定される「アルゴリズム」の一種であり、個々の人間の経験はデータ処理のプロセスに過ぎないのだと、現代の科学と技術は語るのだ。私とはどのような存在か、それについて最もよく知っているのは、私という人間ではなく、私の遺伝子情報を解析できる科学であり、私の生活履歴をデータとして蓄積し分析する技術である。こうした人間の自己理解に対する科学技術の介入は、これまでの人間観を抜本的に変化させざるを得ない。

しかし、ハラリは、かくして人間がこれまでのような人間ではなくなる未来を、ただ無抵抗に受け入れるのをよしとしない。テクノロジーが、我々よりも我々に精通する時代を甘んじて待つのではなく、今現在の我々自身が、自らをもっとよく知るべきだ、と彼は主張するのだ（ハラリ二〇一九）。そして、そのための方法の一つとしてハラリが持ち出すのが、仏教瞑想である。二〇代の大学院生の時代にヴィパッサナー瞑想を開始した彼は、それから現在に至るまで「毎日二時間瞑想するようになり、毎年一か月か二か月、長い瞑想修行に行く」生活を続けているという。ミャンマーから渡来した瞑想法によって、彼は現実への見方を研ぎ澄まし、人間一般と自分自身についての学びを深めているのである。

科学技術の力で人間が「神」になる前に、あるいは、人間の条件の決定権を、人間が科学技術に明け渡す前に、我々は自らを省みるべきではないか。そう論じながら仏教瞑想を実践するハラリの言動は、仏教と科学が改めて手を結び、瞑想の評判が高まる二一世紀の現在に、一人の知識人としての立場から重要な展望を示していると言えるだろう。

「人」を生きる

科学技術が広まる世界で、大事なのはむしろ自分自身を見つめることだと説いた人物を、本書でも既に紹介した。鈴木大拙である。彼は、自己の外部の世界に超越や神秘をいくら見てもそれは宗教とは無関係であり、どこまでも自分という「人」になりきり、自分であるとは何かを問うのが、宗教であり禅であると考えたのだ。

晩年の大拙のもとをよく訪れた著述家の志村武《しむらたけし》は、北鎌倉の東慶寺《とうけいじ》の裏手にある墓——墓碑銘には「鈴木大拙夫妻之墓」、妻のベアトリスは既に埋葬され、大拙も死後この墓に入る——の掃除を、大拙に頼まれて手伝った日の思い出を語る（志村一九六七）。志村が、掃き残した小さな落ち葉を拾い集めていたとき、大拙とのあいだで次のような会話が交わされたという。

「わしが死んでしまったら、こうやって掃除ができなくなるなあ」

と〔大拙が〕つぶやいた。それはだれにいうのでもない先生のひとりごとであった。腰をのばして、しみじみと自分の墓を眺めている先生に、私は掃く手をやめて、

「それはそうですよ」

と、つい口をすべらせた。

「うん、それは当たり前のことだ、当たり前のことだなあ……」

低い静かな口調ではあったが、先生の「当たり前」には生死の事実に徹し切った、何ともいいようのない響きがこもっていた。

偉大な宗教家の晩年の境地とは、このようなものなのかと想像させられる、印象深い場面だ。一見して、大した思想が語られているわけではない。「当たり前」のことしか語られていない。だが、この「当たり前」の意味を突き詰め、「人」として生き死ぬことの内実を徹底して見つめたのが、晩年の大拙の偉大な思想であったように思える。

この偉大な思想は、大拙だけにしか可能ではなかった。それは、他の誰にとっても自分のありようを見つめる思想が、その人自身にしか可能ではないのと同様である。「人」とは、それぞれの人間にとって固有のものであり、他の人間には代替不可能な何かである。それは「当たり前」のことであり、そして、その「当たり前」の事実こそが肝心だ。

人間の心身のメカニズムは、科学で明らかにできる。そうした科学の発見は、人々の見識を豊かにし、科学から生まれた技術は、人間の生活を豊かにしてきた。だが、それぞれの「人」を生きるのは、科学でも技術でもない。我々が、大拙に習いながら今後より深く考えるべきことも、そうした、それぞれの「人」なのではあるまいか――。

今から約二五〇〇年前、南インドのある地方に立つ大きな木の下で、一人の男が真理を悟った。男はなぜ、その木の下に座っていたのだろうか。それは、彼が彼の人生において、多くの喜びや哀しみや苦しみを経験するなか、自分自身を見つめ直すための旅に出たことの帰結であった。悟りを開いた男はやがて、その真理を、同じように自分の人生のなかで喜びや哀しみや苦しみを経験してきた人々に向けて説くようになる。単に言葉で伝えるだけでなく、自ら行ってきた瞑想の仕方も指導しながら、それぞれの人に、自分の心身のありようを探究せよと唱え続けたのである。

男が開拓した人間の真理を探るための思想と技法は、二一世紀の人類にとってもなお、いや、科学技術が史上最も発達した今だからこそ、求められる知恵だろう。その二一世紀の人類のための知恵の名前を、仏教という。

おわりに

こういう本を書いておきながら何だが、私は特に瞑想《めいそう》が好きな人間ではない。坐《ざ》禅《ぜん》やマインドフルネス瞑想を何度か試みてみたが、正直、あまりピンとこなかった。常に何かをやっていないと落ち着かない性分なので、じっと座って「いま・ここ」だけに心を留め置く瞑想は、あまり向いていないのだろう。心をリラックスさせたり、自分の内面を見つめたりしたいときには、散歩に行く。歩くのは精神的にいい。私は肉体よりも精神のために歩く。

それでは、なぜ瞑想をおもなテーマにした本を書く気になったのかといえば、それは、今の世の中で瞑想が流行《はや》っているからだ。というだけでは、単に流行に弱いだけの人間だと思われかねない。実際にそうなのだが、それでは恥ずかしいので補足しよう。仏教に由来する瞑想が、世間で妙に流行っていることに、宗教研究者の端くれとして、大きな関心を抱いていたのだ。瞑想の流行の背景を解き明かせば、現代に生きる人々の宗教とのかかわり方や、現代人に求められている価値とは何なのかを、うまく理解できるのではないか。そう考えたのである。

ただし、これも私の性分からして、現代のことを現代の観点からのみ考えるのは、知的な作業だとはどうしても思えない。人間は何度も同じことを繰り返す生き物なので、その人間の営みについて考えるには、歴史的な観点が常に必要である。それが私の信条だ。ということで、今回は仏教に由来する瞑想の展開を、歴史的に振り返ってみた。

歴史的、といっても、本書が扱うのは近現代の歴史だ。それよりも昔の話も大事だが、まずは身近な歴史を掘り下げるのが重要だと考える。そして、仏教瞑想をめぐる近過去の歴史は、これまでに必ずしも明らかにされてこなかった。だからこそ、こういう本を書いた。

とはいえ、本書は近現代の仏教瞑想に関するカタログ的な著作ではない。事例は代表的なものを中心に取り上げ、むしろ、より大きなテーマを論じようとした。それは、仏教と科学というテーマだ。仏教は、近現代の日本において、科学といかに結び付き、あるいは反目しあいながら、新たな価値を創造してきたのか。これが本書の最大の問いだ。

仏教は、一〇〇〇年以上の長きにわたり、日本人の精神性の根底を支えてきた。だが、一五〇〇年ほど前にはじまる近代という時代以降、仏教の価値が、だんだんと見えにくくなる。そうなった理由は多岐にわたり、その全容の解明は私の研究課題の一つである。ともあれ、科学の普及というのは、仏教の価値の低下をもたらした最たる理由の一つだろう。科学の知識が日本人の思考を豊かにするようになって以降、仏教がそれまで伝えてきた考え方のうち、科学に反するとされる部分の信頼性が薄れたのだ。

ただし、こうして科学が多くの人々の頭の中を支配するようになってからも、心や身体の部分では、相変わらず、仏教が日本人の生活に少なからぬ影響を与えているように思える。さらには、仏教にもまた科学と通じる部分があるという発想や、あるいは仏教のほうが科学よりも実は先に行っていたのではないかという認識が、日本人の頭の中に、これまで何度もやってきた。仏教も捨てたものではないのである。本書は、その捨てたものではない仏教の意義を探るためのチャレンジだ。

そうした試みに一定期間にわたり付き合ってくれたのが、KADOKAWAの編集者の伊集院元郁さんである。伊集院さんとは、二〇一七年に開催され私も登壇したあるシンポジウムをきっかけにして知り合った。出版社の方と知り合うと、一緒に本をつくることになる場合がある。これは科学的な真理の一つである。

昨今、できるだけ「わかりやすい」本を書かないといけない、という社会的要請が強まっているように感じられる。私もなるべくそうできるよう、努力している。だが、入り組んだ現実を解き明かすための文章を執筆する上で、「わかりやすさ」だけがすべてではないことを、今回、伊集院さんが改めて気づかせてくれた。本の完成に至るまでの細かなサポートも含め、深く感謝する次第である。

本書の原稿がほぼ出来上がった頃、世界は感染症に苦しめられるようになった。自分の身体の健康状態や、他人との身体的なかかわり方について、世界中の人々がここまで注意深くなった時代が、かつてあっただろうか。あるいは、病気をめぐる不安や恐れや痛みに、我々の心が大きく揺さぶられる日々も続く。はからずも、自分たちの身体や心のあり方について、よく考えないといけない時代が来ている。宗教や科学と人間の心身の関係について論じた本書が、そうした時代において何らかの役に立つ知見を提供できているとしたら、心から幸いだ。

二〇二〇年五月、武蔵野《むさしの》の自宅にて

碧海　寿広

参考文献

序　章

岡田正彦『忘れられた仏教天文学―十九世紀の日本における仏教世界像』ブイツーソリューション、二〇一〇年。

金承哲ほか編『撰集　近代日本における宗教と科学の交錯』南山宗教文化研究所、二〇一五年。

ケーラス、ポール（鈴木大拙訳）『仏陀の福音』佐藤茂信、一八九四年。

ケーラス、パウル（長谷川天渓訳）『科学的宗教』鴻盟社、一八九九年。

佐々木閑『科学するブッダ―犀の角たち』角川ソフィア文庫、二〇一三年a。

――――『仏教は宇宙をどう見たか―アビダルマ仏教の科学的世界観』化学同人、二〇一三年b。

――――『大乗仏教―ブッダの教えはどこへ向かうのか』NHK出版新書、二〇一九年。

定方晟『須弥山と極楽―仏教の宇宙観』講談社現代新書、一九七三年。

タナカ、ケネス『アメリカ仏教―仏教も変わる、アメリカも変わる』武蔵野大学出版会、二〇一〇年。

ダライ・ラマ『ダライ・ラマ　科学への旅』サンガ新書、二〇一二年。

ダライ・ラマ法王他『こころを学ぶ　ダライ・ラマ法王　仏教者と科学者の対話』講談社、二〇一三年。

永沢哲『瞑想する脳科学』講談社選書メチエ、二〇一一年。

中村圭志『西洋人の「無神論」日本人の「無宗教」』ディスカヴァー携書、二〇一九年。

ニューバーグ、アンドリュー&ウォルドマン、マーク・ロバート（エリコ・ロウ訳）『「悟り」はあなたの脳をどのように変えるのか―脳科学で「悟り」を解明する！』ナチュラルスピリット、二〇一九年。

林淳「近代仏教と学知」末木文美士・林淳・吉永進一・大谷栄一編『ブッダの変貌―交錯する近代仏教』法藏館、二〇一四年。

平岡聡『大乗経典の誕生―仏伝の再解釈でよみがえるブッダ』筑摩選書、二〇一五年。

藤野正寛「あるがままに観る人々の系譜―一人称の科学と三人称の科学の対話の可能性」蓑輪顕量監修『マインドフルネス―仏教瞑想と近代科学が生み出す、心の科学の現在形』サンガ、二〇一六年。

ブルック、J・H（田中靖夫訳）『科学と宗教―合理的自然観のパラドクス』工作舎、二〇〇五年。

松長有慶『仏教と科学』岩波書店、一九九七年。

三田一郎『科学者はなぜ神を信じるのか―コペルニクスからホーキングまで』講談社、二〇一八年。

三井誠『ルポ 人は科学が苦手―アメリカ「科学不信」の現場から』光文社新書、二〇一九年。

蓑輪顕量『仏教瞑想論』春秋社、二〇〇八年。

村上陽一郎『近代科学と聖俗革命』新曜社、一九七六年。

――――『日本近代科学史』講談社学術文庫、二〇一八年。

吉田忠「近世における仏教と西洋自然観との出会い」安丸良夫編『近代化と伝統―近世仏教の変質と転換』春秋社、一九八六年。
渡辺正雄『日本人と近代科学―西洋への対応と課題』岩波新書、一九七六年。
Almond, Philip C. *The British Discovery of Buddhism*, Cambridge University Press, 1988.
Auerback, Micah L. *A Storied Sage: Canon and Creation in the Making of a Japanese Buddha*, University of Chicago Press, 2016.
Godart, G. Clinton. *Darwin, Dharma, and the Divine: Evolutionary Theory and Religion in Modern Japan*, University of Hawaii Press, 2017.
Lopez Jr., Donald S. *Buddhism & Science: A Guide for the Perplexed*, The University of Chicago Press, 2008.
Snodgrass, Judith. *Presenting Japanese Buddhism to the West: Orientalism, Occidentalism, and the Columbian Exposition*, University of North Carolina Press, 2003.
Tweed, Thomas A. *The American Encounter with Buddhism, 1844-1912: Victorian Culture and the Limits of Dissent*, The University of North Carolina Press, 1992.

第1章

石井公成「近代における Zen の登場と心の探究（1）」『駒澤大学仏教学部論集』四九号、二〇一八年。

井関大介「井上円了の妖怪学と心理学」『井上円了センター年報』二六号、二〇一七年。

――「円了妖怪学の基本構造について」東洋大学 井上円了研究センター編『論集 井上円了』教育評論社、二〇一九年。

板倉聖宣『かわりだねの科学者たち』仮説社、一九八七年。

井上円了「心理療法」『井上円了選集 第一〇巻』東洋大学、一九九一a。

――「仏教心理学」『井上円了選集 第一〇巻』東洋大学、一九九一b。

――「妖怪学と心理学との関係」『井上円了選集 第二五巻』東洋大学、二〇〇四年。

岩田文昭『近代仏教と青年―近角常観とその時代』岩波書店、二〇一四年。

――「浄土教における回心とその物語―近角常観・綱島梁川・西田天香」『大阪教育大学紀要(人文社会科学・自然科学)』六七号、二〇一九年。

烏水宝雲講述、小山憲栄編輯『唯識三十頌要解―一名東洋心理学指針』本願寺編輯場、一八八九年。

碧海寿広『近代仏教のなかの真宗―近角常観と求道者たち』法藏館、二〇一四年。

恩田彰「解説」『井上円了選集 第九巻』東洋大学、一九九一年。

黒田亮『唯識心理学』小山書店、一九四四年。

小林敏明『夏目漱石と西田幾多郎―共鳴する明治の精神』岩波新書、二〇一七年。

佐藤達哉・溝口元編『通史 日本の心理学』北大路書房、一九九七年。

佐藤達哉『日本における心理学の受容と展開』北大路書房、二〇〇二年。

ジェイムズ、W（桝田啓三郎訳）『宗教的経験の諸相（上）』岩波文庫、一九六九年。

『宗教的経験の諸相（下）』岩波文庫、一九七〇年。

島薗進・西平直編『宗教心理の探究』東京大学出版会、二〇〇一年。

菅原潤『京都学派』講談社現代新書、二〇一八年。

鈴木由加里「井上円了と唯物論論争」『井上円了センター年報』二〇号、二〇一一年。

高橋澪子『心の科学史―西洋心理学の背景と実験心理学の誕生』講談社学術文庫、二〇一六年。

近角常観「現代青年の煩悶及び其信仰」秋山悟庵編『名家論叢 現今の宗教問題』弘道館、一九〇六年。

津城寛文「マイヤーズ問題―近代スピリチュアリズムと心霊研究の間で」『駒澤大学仏教学部論集』三八号、二〇〇七年。

野村英登「井上円了における催眠術と瞑想法」『「エコ・フィロソフィ」研究』七号別冊、二〇一三年。

バーマン、モリス（柴田元幸訳）『デカルトからベイトソンへ―世界の再魔術化』文藝春秋、二〇一九年。

仏教思想研究会編『仏教思想9 心』平楽寺書店、一九八四年。

松本皓一『宗教的人格と教育者』秋山書店、二〇一四年。

松本皓一他『綱島梁川研究資料（Ⅰ・Ⅱ）』大空社、一九九五年。

三浦節夫「井上円了の妖怪学」『国際井上円了研究』二号、二〇一四年。

元良勇次郎「現代青年の煩悶解決に就て」秋山悟庵編『名家論叢 現今の宗教問題』弘道館、一九〇六年。

――「早稲田文学記者に語りたる見神の実験に対する意見」宇佐見英太郎編『見神論評』金尾文淵堂、一九〇七年。

――「禅と心理学との関係」『元良勇次郎著作集 第6巻』クレス出版、二〇一四年。

吉永進一「ウィリアム・ジェイムズの心霊研究」『宗教哲学研究』七巻、一九九〇年。

リード、エドワード・S（村田純一他訳）『魂から心へ―心理学の誕生』青土社、二〇〇〇年。

Schulzer, Rainer. *Inoue Enryo: A Philosophical Portrait*, State University of New York Press, 2019.

第2章

一柳廣孝『〈こっくりさん〉と〈千里眼〉―日本近代と心霊学』講談社選書メチエ、一九九四年。

――『催眠術の日本近代』青弓社、一九九七年。

井村宏次『新・霊術家の饗宴』心交社、一九九六年。

エレンベルガー、アンリ（木村敏・中井久夫監訳）『無意識の発見（上）』弘文堂、一九八〇年。

大橋俊雄「笹本戒浄伝」『浄土』二六（六）、一九六〇年。

岡田摘翠『禅と催眠術』啓成社、一九〇九年。

鎌田東二「「こころの練り方」探究事始め（その4）井上円了と元良勇次郎から福来友吉までの「心理学」探究を中心に」『モノ学・感覚価値研究』八号、二〇一四年。

河波昌「山崎弁栄―光明主義の聖者」『浄土仏教の思想（十四巻）』講談社、一九九二年。

笹本戒浄「心理学上の念仏三昧（光明遍照）」望月信道編『高等講習会夏安居講演集』浄土教報社、一九〇九年。

――――「三昧畧説」浄土宗第六第七教区総合教校編『宗学高等講習会講演集 第五』浄土宗第六第七教区総合教校出版部、一九一〇年。

――――「元祖様の御体験」『浄土宗布教全書 第一一巻』浄土教報社、一九三〇年。

シェルトーク、L&ソシュール、R・ド（長井真理訳）『精神分析学の誕生―メスメルからフロイトへ』岩波書店、一九八七年。

ストリーター、マイケル（乙須敏紀訳）『催眠の謎』産調出版、二〇〇五年。

タンバイア、スタンレー・J（多和田裕司訳）『呪術・科学・宗教―人類学における「普遍」と「相対」』思文閣出版、一九九六年。

中沢信午『超心理学者 福来友吉の生涯』大陸書房、一九八六年。

西山茂「現代の宗教運動―〈霊＝術〉系新宗教の流行と「2つの近代化」」大村英昭・西山茂編『現代人の宗教』有斐閣、一九八八年。

福来友吉『心霊と神秘世界』人文書院、一九三二年。

八木季生「列伝 笹本戒浄」『浄土』六七（七・八）、二〇〇〇年。

安冨信哉編『清沢満之集』岩波文庫、二〇一二年。

山本健造『念写発見の真相』たま出版、一九八一年。

吉永進一「序論」栗田英彦・塚田穂高・吉永進一編『近現代日本の民間精神療法―不可視なエネルギーの諸相』国書刊行会、二〇一九年。

吉永進一編・解説『日本人の身・心・霊―近代民間精神療法叢書Ⅱ①』クレス出版、二〇〇四年。

――『催眠術の黎明―近代日本臨床心理の誕生（全七巻）』クレス出版、二〇〇六年。

鷲尾諦仁『催眠術と真言秘密 神仏即坐感応術並原理』昌平堂、一九〇五年。

第3章

藍沢鎮雄『日本文化と精神構造』太陽出版、一九七五年。

青柳栄司「科学より信仰へ」横山惠正編『社会教化の指針』天晴地明会、一九二七年。

――『科学上より見たる弘法大師』六大新報社、一九二八年。

姉崎正治「二重橋外の祈禱に就て」『明治天皇嘆徳布教資料』法藏館、一九一二年。

阿部貴子「真言僧侶たちの近代―明治末期の『新仏教』と『六大新報』から」『現代密教』二三号、二〇一二年。

宇佐晋一・木下勇作『あるがままの世界―仏教と森田療法』東方出版、一九八七年。

江島尚俊「儀礼の伝統と新しい儀礼」大谷栄一・吉永進一・近藤俊太郎編『近代仏教スタディーズ―仏教からみたもうひとつの近代』法藏館、二〇一六年。

碧海寿広「儀礼と近代仏教―『新仏教』の論説から」『近代仏教』一六号、二〇〇九年。

岡本重慶『忘れられた森田療法―歴史と本質を思い出す』創元社、二〇一五年。

栗田英彦「宗教と医学を超えて―済世病院長小林参三郎の治療論」『東北宗教学』七号、二〇一一年。

――――「腹式呼吸の近代―藤田式息心調和法を事例として」『論集（印度学宗教学会編）』四三号、二〇一六年。

クレーマ、ハンス・マーティン「島地黙雷―近代日本における科学と宗教」嵩満也・吉永進一・碧海寿広編『日本仏教と西洋世界』法藏館、二〇二〇年。

佐藤幸治編『禅的療法・内観法』文光堂、一九七七年。

島薗進「救いから癒しへ―吉本内観とその宗教的起源」新屋重彦・島薗進、田邉信太郎・弓山達也編『癒しと和解―現代におけるＣＡＲＥの諸相』ハーベスト社、一九九五年。

――――『〈癒す知〉の系譜―科学と宗教のはざま』吉川弘文館、二〇〇三年。

鈴木光弥『藤田霊斎 丹田呼吸法―向上し続ける人生の構築』佼成出版社、二〇一〇年。

田中聡『なぜ太鼓腹は嫌われるようになったのか？―〈気〉と健康法の図像学』河出書房新社、一九九三年。

――――『健康法と癒しの社会史』青弓社、一九九六年。

野村章恒『森田正馬評伝』白揚社、一九七四年。

平山昇『初詣の社会史―鉄道が生んだ娯楽とナショナリズム』東京大学出版会、二〇一五年。

廣澤隆之「近代を問う仏教の新たな地平」智山伝法院編、廣澤隆之・宮坂宥洪監修『近代仏教を問う』春秋社、二〇一四年。

藤田霊斎『国民身心改造の原理と方法』調和道協会、一九三八年。

三木善彦『内観療法入門――日本的自己探求の世界』創元社、二〇一九年。

村野孝顕編『道祖 藤田霊斎伝記』社団法人調和道協会、一九八二年。

吉本伊信『内観四十年――精神改造論』春秋社、一九六五年。

――『内観への招待――愛情の再発見と自己洞察のすすめ』朱鷺書房、一九八三年。

渡辺利夫『神経症の時代――わが内なる森田正馬』TBSブリタニカ、一九九六年。

Harding, Christopher, Iwata Fumiaki, Yoshinaga Shin 'ichi (ed.), *Religion and Psychotherapy in Modern Japan*, Routledge, 2014.

第4章

秋重義治『禅の心理学――悟りの構造』法政大学出版局、一九八六年。

秋月龍珉『世界の禅者――鈴木大拙の生涯』岩波書店、一九九二年。

――『鈴木大拙』講談社学術文庫、二〇〇四年。

阿満利麿『日本人はなぜ無宗教なのか』ちくま新書、一九九六年。

飯島吉晴「不安と現世利益」飯島吉晴編『幸福祈願』ちくま新書、一九九九年。

池上良正「現世利益と世界宗教」池上良正ほか編『宗教への視座』岩波書店、二〇〇四年。

入谷智定著、松本亦太郎編『禅の心理的研究』心理学研究会出版部、一九二〇年。

ウェーバー、マックス（武藤一雄・薗田宗人・薗田坦訳）『宗教社会学』創文社、一九七六年。

大竹晋『「悟り体験」を読む―大乗仏教で覚醒した人々』新潮選書、二〇一九年。

岡田一好『生命の医学―禅と食・息・働』創元社、一九六九年。

小川隆『禅思想史講義』春秋社、二〇一五年。

恩田彰「佐久間鼎先生の思い出」『アジア・アフリカ文化研究所研究年報』一九六九年。

恩田彰・野村健二『創造性の開発―あなたのかくれた能力を引き出す法』講談社ブルーバックス、一九六四年。

笠松章「禅と生理」西谷啓治編『講座禅 第八巻 現代と禅』筑摩書房、一九七四年。

加藤博己「禅心理学の成立」駒澤大学心理学論集（KARP）1号、一九九九年。

岸本英夫「宗教心理の問題としての禅と念仏」脇本平也・柳川啓一編『岸本英夫集 第三巻』溪声社、一九七五年。

栗田英彦・吉永進一「民間精神療法主要人物および著作ガイド」栗田英彦・塚田穂高・吉永進一編『近現代日本の民間精神療法―不可視なエネルギーの諸相』国書刊行会、二〇一九年。

黒田亮『勘の研究』講談社学術文庫、一九八〇年。

ケルーアック、ジャック（小原広忠訳）『禅ヒッピー』太陽社、一九七三年。

佐久間鼎『神秘的体験の科学』光の書房、一九四八年。

佐々木閑「訳者後記」鈴木大拙（佐々木閑訳）『大乗仏教概論』岩波文庫、二〇一六年。

佐藤幸治『心理禅―東洋の知恵と西洋の科学』創元社、一九六一年。

――『禅のすすめ』講談社現代新書、一九六四年。

――『死と生の記録―真実の生き方を求めて』講談社現代新書、一九六八年。

佐保田鶴治・佐藤幸治編『静坐のすすめ』創元社、一九六七年。

杉靖三郎『現代の禅―科学する心』普通社、一九六〇年。

鈴木大拙『新宗教論』貝葉書院、一八九六年。

――『大拙つれづれ草』読売新聞社、一九六六年。

――「禅と念仏の心理学的基礎」『鈴木大拙全集 第四巻』岩波書店、一九六八年a。

――「無心といふこと」『鈴木大拙全集 第七巻』岩波書店、一九六八年b。

鈴木大拙、フロム、エーリッヒ&デマルティーノ、リチャード（小堀宗柏、佐藤幸治、豊村左知、阿部正雄訳）『禅と精神分析』東京創元社、一九六〇年。

宗演述、鈴木大拙編、棲梧宝岳評釈『静坐のすすめ』光融館、一九〇八年。

武井謙悟「近代日本における禅会の普及に関する考察―『禅道』・『大乗禅』の記事を中心として」『近代仏教』二六号、二〇一九年。

竹内芳夫『自己催眠による性格強化法』ダイヤモンド社、一九六三年。

トーゴフ、マーティン（宮家あゆみ訳）『ドラッグ・カルチャー―アメリカ文化の光と影 1945―2000年』清流出版、二〇〇七年。

日本仏教研究会編『日本宗教の現世利益』大蔵出版、一九七〇年。

ハクスリー、オルダス（河村錠一郎訳）『知覚の扉』平凡社ライブラリー、一九九五年。

長谷川卯三郎『医学禅』創元社、一九五八年。

――――『新医学禅』創元社、一九六四年。

平井富雄『自己催眠術』光文社、一九六七年。

――――『坐禅健康法』ごま書房、一九七四年。

――――『瞑想と人間学のすすめ―精神科医の解く「坐禅用心記」』日貿出版社、一九七九年。

――――『座禅の科学』講談社ブルーバックス、一九八二年。

ベンツ、エルンスト（柴田健策・榎木真吉訳）『禅 東から西へ』春秋社、一九八四年。

藤井正雄『現代人の信仰構造―宗教浮動人口の行動と思想』評論社、一九七四年。

堀江宗正「パワースポット体験の現象学―現世利益から心理利益へ」『ポップ・スピリチュアリティ―メディア化された宗教性』岩波書店、二〇一九年。

村本詔司「鈴木大拙と心理学」『神戸外大論叢』五四巻六号、二〇〇三年。

山田奨治『東京ブキウギと鈴木大拙』人文書院、二〇一五年。

山本通隆『創造する技術―禅と創造性開発』日本能率協会、一九七一年。

吉仲正和『科学者の発想―ガリレイ・ニュートン・寺田寅彦・橋田邦彦』玉川大学出版部、一九八四年。

吉永進一「原坦山の心理学的禅―その思想と歴史的影響」『人体科学』15（2）、二〇〇六年。

――「大拙とスウェーデンボルグ―その歴史的背景」鈴木大拙『スエデンボルグ』講談社、二〇一六年。

リー、マーティン・A＆シュレイン、ブルース（越智道雄訳）『アシッド・ドリームズ―CIA、LSD、ヒッピー革命』第三書館、一九九二年。

リシャ、ステファン（碧海寿広訳）「原坦山―身理的禅と実践の探究」嵩満也・吉永進一・碧海寿広編『日本仏教と西洋世界』法藏館、二〇二〇年。

流徹真『自分を強くする禅―その科学的応用法』ベストセラーズ、一九七〇年。

ワッツ、アラン（阿部正雄訳）「ビート禅とスクェア禅と禅」西谷啓治編『講座禅 第七巻 禅の古典―日本―』筑摩書房、一九七四年。

Reader, Ian, Tanabe, George J. Jr. *Practically Religious: Worldly Benefits and the Common Religion of Japan*, University of Hawaii Press, 1998.

Sharf, Robert H. "Buddhist Modernism and The Rhetoric of Meditative Experience", *Numen*, Vol. 42, No. 3, 1995a.

―― "The Zen of Japanese Nationalism" in Donald S. Lopez, Jr. (ed.) *Curators of the*

Buddha: The Study of Buddhism Under Colonialism, The University of Chicago Press, 1995b.
Watts, Alan, *This Is It: and Other Essays on Zen and Spiritual Experience*, Vintage, 1960.

第５章

秋山さと子「ニューサイエンスへの道 マンダラとハドロン」『現代思想』青土社、vol.11-9、一九八三年。

安斎育郎『科学と非科学の間』ちくま文庫、二〇〇二年。

石川中『瞑想の科学―新しい精神世界への飛翔』講談社ブルーバックス、一九八一年。

一柳廣孝「カリフォルニアから吹く風―オカルトから「精神世界」へ」吉田司雄編『オカルトの惑星―１９８０年代、もう一つの世界地図』青弓社、二〇〇九年。

井上忠・伊東俊太郎「対話 ニューサイエンスのパラダイム」『現代思想』青土社、vol.12-1、一九八四年。

井上順孝「科学を装う教え―自然科学の用語に惑わされないために」井上順孝責任編集・宗教情報リサーチセンター編『〈オウム真理教〉を検証する―そのウチとソトの境界線』春秋社、二〇一五年。

ヴァレーラ、フランシスコ・J&ヘイワード、ジェレミー・W編『[徹底討議]心と生命―〈心の諸科学〉をめぐるダライ・ラマとの対話』青土社、一九九五年。

ウィルバー、ケン（井上忠他訳）『空像としての世界―ホログラフィをパラダイムとして』青土社、一九八四年。

おおえ　まさのり訳編『チベットの死者の書〈バルド・ソドル〉』講談社、一九七四年。

大野英士『オカルティズム―非理性のヨーロッパ』講談社選書メチエ、二〇一八年。

碧海寿広「麻原彰晃の「対機説法」―オウム真理教「説法テープ」の内容と分析」井上順孝責任編集・宗教情報リサーチセンター編『情報時代のオウム真理教』春秋社、二〇一一年。

尾形守『『脳内革命』の本当の読み方―ニューエイジ・ムーブメントとは何か!?』コスミックインターナショナル、一九九七年。

カプラ、フリッチョフ（吉福伸逸・田中三彦・島田裕巳・中山直子訳）『タオ自然学―現代物理学の先端から「東洋の世紀」がはじまる』工作舎、一九七九年。

カプラ、フリッチョフ（吉福伸逸・田中三彦・上野圭一・菅靖彦訳）『ターニング・ポイント―科学と経済・社会、心と身体、フェミニズムの将来』工作舎、一九八四年。

川崎信定訳『原典訳　チベットの死者の書』筑摩書房、一九八九年。

菊地史彦『「幸せ」の戦後史』トランスビュー、二〇一三年。

桐山靖雄『変身の原理―密教・その持つ秘密神通力』文一出版、一九七一年。

――『才能開発・自己コントロールのための求聞持法・瞑想入門』講談社オレンジバックス、一九七九年。

クーパー、J・C（有馬知子・早川与志子訳）『密教の復権』竹内書店、一九七二年。

高本康子『近代日本におけるチベット像の形成と展開』芙蓉書房出版、二〇一〇年。

コックス、ハーヴィー・G（上野圭一訳）『東洋へ―現代アメリカ・精神の旅』平河出版社、一九七九年。

斎藤貴男『カルト資本主義 増補版』ちくま文庫、二〇一九年。

佐藤任『密教と錬金術』勁草書房、一九八三年。

佐藤哲朗『大アジア思想活劇―仏教が結んだ、もうひとつの近代史』サンガ、二〇〇八年。

C＋Fコミュニケーションズ編『パラダイム・ブック』日本実業出版社、一九八六年。

志賀一雅『脳力全開 アルファ脳波の驚異』ゴマブックス、一九八五年。

――『アルファ脳波革命―集中力・記憶力・創造力・自然治癒力が高まる』ごま書房、一九九六年。

島薗進『精神世界のゆくえ―宗教・近代・霊性』秋山書店、二〇〇七年。

人体科学会企画・黒木幹夫・鎌田東二・鮎澤聡編『身体の知―湯浅哲学の継承と展開』ビイング・ネット・プレス、二〇一五年。

竹本忠雄「ニューサイエンスと東洋―ホログラフィックな結びつき」『現代思想』青土社、vol.12-1、一九八四年。

天外伺朗『「超能力」と「気」の謎に挑む―〈宇宙のしくみ〉の根本原理に迫る』講談社ブルーバックス、一九九三年。

中沢新一『チベットのモーツァルト』せりか書房、一九八四年。

――――「脳とマンダラ―ポストモダン科学のチベット・モデル」『仏教』法藏館、no.14、一九九一年。

――――『三万年の死の教え―チベット『死者の書』の世界』角川書店、一九九三年。

長野敬「ニュー・サイエンスへのオールド・ストーリー」浅田彰ほか『科学的方法とは何か』中公新書、一九八六年。

中山正和『禅と脳―大脳生理学と宇宙物理学から「さとり」を科学する』PHP研究所、一九八四年。

朴禧善『禅瞑想―科学者の体験と実証』たま出版、一九八九年。

春山茂雄『脳内革命―脳から出るホルモンが生き方を変える』サンマーク出版、一九九五年。

平井巽『祈禱の科学的解明』鹿野苑、一九五三年。

――――「オカルト密教と正純密教」『平井巽著作選集 下巻』平井巽著作選集刊行会、一九九〇年。

平野直子・塚田穂高「メディア報道への宗教情報リテラシー―「専門家」が語ったことを手がかりに」井上順孝責任編集・宗教情報リサーチセンター編『〈オウム真理教〉を検証する―そのウチとソトの境界線』春秋社、二〇一五年。

廣野隆憲『阿含宗の研究 桐山密教の内実』東方出版、一九九二年。

藤倉善郎「オカルトと科学が混在する悲劇、オウム真理教事件」ＡＳＩＯＳ編『昭和・平成オカルト研究読本』サイゾー、二〇一九年。

藤田庄市『カルト宗教事件の深層―「スピリチュアル・アビュース」の論理』春秋社、二〇一七年。

牧野智和『自己啓発の時代―「自己」の文化社会学的探究』勁草書房、二〇一二年。

山口修源『仏陀出現のメカニズム―拡大せし認識領界』国書刊行会、一九九四年。

湯浅泰雄『身体―東洋的身心論の試み』創文社、一九七七年。

――――『気・修行・身体』平河出版社、一九八六年a。

――――「解説 二十一世紀のパラダイム・シフトを求めて」湯浅泰雄・竹本忠雄編『科学の逆説―現代科学と東洋思想』青土社、一九八六年b。

――――『ユングと東洋』人文書院 一九八九年。

――――『宗教と科学の間―共時性・超心理学・気の科学』名著刊行会、一九九三年。

――――『湯浅泰雄全集17 ニューサイエンス論』ビイング・ネット・プレス、二〇一二年。

湯浅泰雄・竹本忠雄編『科学と宗教の回路』青土社、一九八七年。

ユング、C．G．（湯浅泰雄・黒木幹夫訳）『東洋的瞑想の心理学』創元社、一九八三年。

吉田司雄「メディアと科学の〈聖戦〉―一九七四年の超能力論争」一柳廣孝編『オカルトの帝国―1970年代の日本を読む』青弓社、二〇〇六年。

吉村均『チベット仏教入門―自分を愛することから始める心の訓練』ちくま新書、二〇一八年。

ラマ・ケツン・サンポ&中沢新一『虹の階梯―チベット密教の瞑想修行』平河出版社、一九八一年。

リアリー、ティモシー&メッナー、ラルフ&アルパート、リチャード（ラム・ダス）（菅靖彦訳）『チベットの死者の書―サイケデリックバージョン』八幡書店、一九九四年。
ルノワール、フレデリック（今枝由郎・富樫瓔子訳）『仏教と西洋の出会い』トランスビュー、二〇一〇年。
Lopez, Donald S., Jr., *Prisoners of Shangri-la: Tibetan Buddhism and the West*, University of Chicago Press, 1998.
Prothero, Stephen, *The White Buddhist: The Asian Odyssey of Henry Steel Olcott*, Indiana University Press, 1996.

終章

飯塚まり編『進化するマインドフルネス―ウェルビーイングへと続く道』創元社、二〇一八年。

井上ウィマラ・大谷彰『マインドフルネスと催眠―瞑想と心理療法が補完しあう可能性』サンガ、二〇一八年。

カバットジン、J（春木豊訳）『マインドフルネスストレス低減法』北大路書房、二〇〇七年。

サンデル、マイケル・J（林芳紀・伊吹友秀訳）『完全な人間を目指さなくてもよい理由―遺伝子操作とエンハンスメントの倫理』ナカニシヤ出版、二〇一〇年。

志村武『鈴木大拙随聞記』日本放送出版協会、一九六七年。

鈴木俊隆（松永太郎訳）『禅マインド ビギナーズ・マインド』サンガ新書、二〇一二年。

タン、チャディー・メン（柴田裕之訳）『サーチ・インサイド・ユアセルフ―仕事と人生を飛躍させるグーグルのマインドフルネス実践法』英治出版、二〇一六年。

チャドウィック、デイヴィッド（浅岡定義訳・藤田一照監訳）『まがったキュウリ―鈴木俊隆の生涯と禅の教え』サンガ、二〇一九年。

友原章典『実践 幸福学―科学はいかに「幸せ」を証明するか』NHK出版新書、二〇二〇年。

ハラリ、ユヴァル・ノア（柴田裕之訳）『ホモ・デウス―テクノロジーとサピエンスの未来』（上下）河出書房新社、二〇一八年。

――――『21 Lessons ―21世紀の人類のための21の思考』河出書房新社、二〇一九年。

ハリス、ラス（岩下慶一訳）『幸福になりたいなら幸福になろうとしてはいけない―マインドフルネスから生まれた心理療法ACT入門』筑摩書房、二〇一五年。

藤田一照「仏教から見たマインドフルネス―世俗的マインドフルネスへの一提言」貝谷久宣・熊野宏昭・越川房子編『マインドフルネス―基礎と実践』日本評論社、二〇一六年。

――――『現代坐禅講義―只管打坐への道』角川ソフィア文庫、二〇一九年。

藤田庄市『修行と信仰―変わるからだ 変わるこころ』岩波現代全書、二〇一六年。

プラユキ・ナラテボー&魚川祐司『悟らなくたって、いいじゃないか―普通の人のための仏教・瞑想入門』幻冬舎新書、二〇一六年。

木蔵シャフェ君子『シリコンバレー式 頭と心を整えるレッスン――人生が豊かになるマインドフルライフ』講談社、二〇一七年。

Braun, Erik, *The Birth of Insight: Meditation, Modern Buddhism & The Burmese Monk Ledi Sayadaw*, The University of Chicago Press, 2013.

Kabat-Zinn, Jon, *Coming to Our Senses: Healing Ourselves and the World Through Mindfulness*, Hachette Books, 2005.

Wilson, Jeff, *Mindful America: The Mutual Transformation of Buddhist Meditation and American Culture*, Oxford University Press. 2014.

碧海寿広（おおみ・としひろ）
1981年、東京生まれ。慶應義塾大学経済学部卒業、同大学大学院社会学研究科博士課程単位取得退学。博士（社会学）。国際宗教研究所宗教情報リサーチセンター研究員、龍谷大学アジア仏教文化研究センター博士研究員などを経て、武蔵野大学文学部准教授。著書に『近代仏教のなかの真宗』（法藏館）、『入門 近代仏教思想』（ちくま新書）、『仏像と日本人』（中公新書）のほか、共編著に『清沢満之と近代日本』『日本仏教と西洋世界』（法藏館）、共著に『宗教と資本主義・国家 激動する世界と宗教』（KADOKAWA）などがある。

角川選書 640

科学化《かがくか》する仏教《ぶっきょう》
瞑想《めいそう》と心身《しんしん》の近現代《きんげんだい》

令和2年7月28日　初版発行

著　者　碧海寿広《おおみとしひろ》
発行者　青柳昌行
発　行　株式会社 KADOKAWA
東京都千代田区富士見 2-13-3　〒 102-8177
電話 0570-002-301（ナビダイヤル）
装　丁　片岡忠彦　　帯デザイン　Zapp!
印刷所　横山印刷株式会社　　製本所　本間製本株式会社

ISBN978-4-04-703674-1 C0315